예수 그리스도

KB194844

예수 그리스도

장재명 신학박사 지음

열린서원

예수 그리스도

귀한 형제 자매 여러분을 만나게 해주신 하나님 아버지께 감사와 찬송을 드립니다. 교회는 예수님을 하나님의 아들로서 구주로 고백하는 자들로 구성된 거룩한 모임입니다. 하나님이 이끌지 아니하면 자기 힘으로 아무도 나올 수 없는 은혜의 자리입니다. 그러므로 이 책 예수 그리스도를 통해 천지 창조 전에 계셨던 예수 그리스도를 아시기바라며 복음을 선물로 주시고 세상 종말에 심판자로 오시는 예수 그리스도를 만나는 것은 하나님의 은혜라고 생각합니다.

이 책은 목회자로 공부하면서 예수 그리스도는 창조 전에 구속사를 계획하시며 천지 창조하시고 창세기에 하나님과 함께 기뻐하셨다는 말씀을 하시며 성부, 성자, 성령의 삼위일체를 깊이 깨달으면서 성도 여러분과 함께 기쁜 소식을 함께 나누고자 집필하게 되었습니다. 성도 여러분과 신학도 여러분, 목회자분들과 함께 공유하고 싶었습니다, 우리는 교회에 다니기 시작하면서 무엇보다. 교회를 왜 다니는가에 대해 분명히 배워야 합니다. 그리고 예수님을 모시고 사는 신앙생활을 어떻게 하면 잘할 수 있는가를 알아두어야 합니다.

그뿐 아니라 자신이 출석하는 담임 목회자의 철학에 따라 교회의 체질이 다소 차이가 있을 수 있습니다. 가정마다 가장의 생활 철학에 따라 그 분위기나 생활 양식이 조금씩 다른 것과 흡사하다고 할 수 있습니다. 그러므로 자신의 교회 생활과 신앙 발전을 위해 큰 도움이 될 것입니다. 그렇지 않으면 1년을 다녀도 손님 같은 기분을 떨쳐버리지 못할지도 모릅니다.

이 책 예수 그리스도를 잘 이용하시면 복음에 대해 잘 정리 할 수 있습니다. 구원에 확신을 얻을 수 있습니다. 신앙생활에서 얻을 수 있는 여러 가지 문제를 치료할 수 있습니다. 본 책 예수 그리스도를 통해 깊이 이해할 수 있습니다. 그리고 교회를 사랑하게 될 것입니다. 끝으로 이 책 예수 그리스도에서 만나는 사항들과 그리스도의 사랑을 나누는 아름다운 감동을 즐길 수 있습니다.

아무쪼록 이 책을 통해서 하나님의 은혜가 충만하시기를 기도합니다. 사랑하는 형제 자매님들을 만나게 해주신 하나님께 다시 한번 감사를 드립니다.

이제 눈도 어두워 지면서 마지막이 될 집필을 마감하면서 함께 수고한 우리 예수 그리스도 연구회 분들에게 감사드리며 이 책을 바칩니다.

－장재명(신학박사, 수원 그리스도 교회 담임목사)
예수그리스도 연구회
2025년 03원 1일 초봄에

이같이 너의 빛이 사람 앞에 비치게 하여 그들로 너의 착한 행실을 보고 하늘에 계신 너희 아버지께 영광을 돌리게 하라(마태복음 5장 16절).

'신 앞에 선 단독자'로서 서기를 바란다

예수 그리스도, 그분은 신이자 하나님의 아들 메시아이시다. 구세주 예수를 다룬 설교집은 가히 최고의 책이라고 말할 수 있으며, 최고의 설교라고 말할 수 있다. 진리의 교회인 그리스도의 교회 전도자로서 가정 교회, 27개의 초대 그리스도 교회 모범을 따라가며 설교 강단에서 가족들을 천국으로 이끄는 노아 방주 교회를 만들어가는 것은 쉽지 않은 작업이다. 네 번째 설교집을 다듬는 장박사님의 노작(勞作)에 박수를 쳐 보내며 이 책의 일독을 추천하는 바이다.

종말론적으로 마지막이라고 출판의 머리말을 표한다. 그러나 사도 바울의 임박한 종말론처럼 이제 100세 시대에 회갑을 지난 나이에 첫발을 내딛는 전도자의 심정으로 또 구원의 설교를 선포하며 또 이 어둠의 시대에 빛을 비추는 작업을 기대하게 된다. 이 책은 5부로 구성하며 만물을 창조하신 예수님, 태초에 하나님과 함께 하신 분, 유일한 구원자 예수 그리스도, 교회를 향한 예수님의 마지막 경고, 예수님의 비유를 통한 마지막 심판 경고 명령을 다루고 있다. 장박사는 가정 교단이 가지고 있는 매너리즘, 쉽게 설교할 수 있는 것을 피하고 하나님 앞에서(Coram Deo), 치열한 말씀의 작업을 통해 이 시대를 바라보며 밧모섬에서 사도 요한처럼 치열하고 맹렬한 불길같은 말씀을 선포하는 종의 면모를 보이고 있다.

"그리스도교가 퍼져나감에 따라 더 큰 조직과 교리적 명확성의 필요성이 대두되었다. 이 시기에는 세례 의식, 주의 만찬 거행을 통한 교회의 리더십 구조가 자리를 잡기 시작했다. 주로 장로 부재는 기독교 공동체를 관리하는 데 중요한 역할을 맡아 가르침이 예수의 메시지에 충실하고 신자들의 필요가 충족되도록 했습니다. 교회가 계속 성장하고 핍박에 직면함에 따라 기독교 역사의 흐름을 바꾸려는 변혁적인 사건이 일어났습니다. 초대 교회의 궤적은 하나님의 신실하심과 변화시키는 복음의 능력에 대한 증거입니다." 이처럼 초대 그리스도의 교회의 특성을 언급하며 장박사는 진리의 교회를 향한 예수 복음의 본질을 파악하고 역사와 현실을 직시한다. 특히, 삶의 현장에서 그리스도인들 예수 그리스도의 존재를 깊이 인식하고 생명 운동을 펼치기를 기대하며 이 시대의 성도와 교회가 회개하기를 촉구한다. 이는 성령 충만을 통한 구원에 이름과 천국을 향해 전진하는 성도의 비전을 보여준다고 하겠다.

이 설교집을 통해 독자는 '신 앞에 선 단독자'로서 서기를 바란다. 키에르케고르의 실존 3단계, 심미적 실존 단계(감각적 쾌락 추구), 윤리적 실존 단계(보편적 윤리 추구), 종교적 실존 단계(신 앞에 선 단독자의 삶 추구)로 가는 것처럼 이 설교에서는 독자들이 그러한 과정을 예수 그리스도의 말씀 앞에서 이뤄져 감을 깨닫게 될 것이다. 이 설교(레마)를 통해 진리의 예수 그리스도, 예수의 거룩한 영, 성

령 충만함을 얻어 '진리가 자유케 하는 시간'이 되시길 축원하며 나
와 같이 기쁨을 누리시는 여러분이 되시길 바라며 축하의 추천사에
갈음한다.

—**박신배**(강서대학교 구약학박사)

2025. 3. 3일 봉제산에서

하나님의 창조와 구속사(救贖史)의 관점

목회자이자 성서 신학자인 장재명 박사의 『예수 그리스도』라는 책은 하나님의 창조와 구속사(救贖史)의 관점에서 기록한 것이면서, 동시에 그리스도인 신앙생활의 표준이 무엇인지를 제공한다는 특징이 있다. 그뿐만 아니라, 예수 활동의 전반적인 내용을 담은 '복음'이 무엇이며 이 복음에 따른 구원의 문제를 확실히 이해하게 한다는 점이다.

저자는 이 책에서 예수 그리스도는 성부, 성자, 성령이라는 삼위일체의 위치에서 창조와 창조 이전의 우주적 권세를 가진자로 설명하면서, 하나님과 동등한 본체지만 세상을 구원하러 오신 것이 복음의 핵심임을 강조한다. 그러한 구원의 존재 방식은 예수 자신이 '길과 진리와 생명'으로서 죽음을 넘어 '살림'의 주체로 인간을 구원한다는 복음의 완전성을 주장한다. 예수의 구원은 부활 사건에서 정점을 이루며 인간이 죄의 종노릇 하던 역사의 수레바퀴를 멈추게 한다는 것이다.

예수가 하나님과 함께 태초부터 존재했지만, 세상 죄를 지고 가는

'어린 양'이 되었으며 그러한 사역을 감당할 수 있었던 것은 '성령'의 능력과 위로가 함께 했기 때문임을 밝힌다. 예수 그리스도의 사역이 2천 년 전에 한정되지 않고 오늘날도 여전히 역동적으로 살아 있고, 능력을 행사할 수 있는 것도 성령이 함께하는 사역의 결과이고 이러한 성령으로 충만한 초대 교회가 오늘날의 세계 교회도 본받아야 할 사명이라는 점도 밝힌다. 예수의 사역은 구원이 목적이기도 하지만 믿음이 없는 세대에 심판자로서 역할도 있음을 강조한다. 반면에 믿음을 가진 자들의 축복과 성경을 통한 신앙생활의 유익함도 말하고 있다. 그러한 신행(信行) 생활의 모범적인 사례가 교회의 역할로 나타난다. 그리하여 성경을 중심으로 하는 교회 생활은 '회개'를 기반으로 참사랑을 실천해야 하고 박해를 받는 일이 있어도 정의와 믿음 그리고 하나님께 충성스런 교회로 거듭나야 함을 강조하고 있다.

전체 5부로 구성된 본서의 마지막 부분에서 예수 그리스도의 심판과 경고를 소개한다. 그 내용은 주로 예수의 설교에 나타난 비유들이다. 천국을 상징하는 비유로서의 감추어진 보화, 가라지 비유, 혼인 잔치, 열 처녀, 달란트 비유 등을 통해 천국에 들어갈 수 있는 신도들의 자세에 대한 비유의 말씀을 해석하고 있다. 마지막에 비유를 들고 있는 '돌아온 탕자'의 비유처럼 참되고 영원한 안식의 품인 하나님에게로 돌아오기까지 사랑과 긍휼로 기다리는 예수 그리스도의 세미한 음성이 이 책을 통해 들려 오는 듯하다. 독자 제현들께 일독을 권한다.

— 이명권(비교 종교학 박사)

6부

1부

만물을 창조하신 예수 그리스도

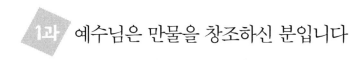

1과 예수님은 만물을 창조하신 분입니다

1. 예수님은 만물을 지으신 분입니다.

예수님은 만물이 그로 말미암아 지은 바 되었으니 지은 것이 하나도 그가 없이는 된 것이 없느니라(요한복음 13장 3절).

태초의 말씀이 계시니라의 진정한 의미에 대해 생각해본 적이 있습니까? 이 말은 단순한 시가 아닙니다. 그 속에는 당신의 삶을 변화시킬 수 있는 깊은 신비, 진실이 담겨 있습니다. 이 성경을 통해 우리는 영원부터 그분이 우리 가운데 거하시기로 결정하신 순간까지 이 말씀이 예수님이 누구신지를 우리에게 어떻게 드러내는지 함께 탐구할 것입니다.

2. 예수님은 천국과 지구를 연결하는 메시지를 주신 분.

천국과 지구를 연결하는 메시지에 뛰어들고 마음의 가장 깊은 질문에 답할 준비를 하세요. 장엄하게 시작되는 요한복음은 우리를 창조 이전, 시간을 초월하여, 말씀이 이미 존재했던 곳으로 우리를 데려갑니다.

우리는 아이디어나 추상적인 개념을 말하는 것이 아닙니다. 우리는 태초부터 아버지와 함께 계셨던 하나님의 아들, 예수그리스도를 말하는 것입니다. 이 성경에서 우리는 이 진리가 우리의 삶에 어떻게 직접적으로 적용되는지 알게 될 것입니다. 우리가 어디에 있든지 무엇을 직면하든 영원한 말씀은 결코 실패하지 않는 빛과 희망의 원천입니다. 메시지가 어떻게 여러분의 여정에 명확성 평화 목적을 가져올 수 있는지 저와 함께 알아 봅니다.

3. 예수님은 시간이 시작되기도 전에 존재했던 사랑이 너무 크다고 상상해 보세요.

시간이 시작되기도 전에 존재했던 사랑이 너무 크다고 상상해 보세요. 이것이 바로 말씀이 육신이 되어 우리 가운데 오신 예수님 안에 나타난 하나님의 사랑입니다.

이 책을 통해 여러분은 이 진실이 미치는 영향을 이해하게 될 것입니다. 우리는 그분이 어떻게 창조의 대리인이시며, 어둠을 쫓는 빛이시며, 세상 죄를 지고 가는 어린 양이신지를 일게 될 것입니다.

우리가 함께 탐구할 각 구절에는 여러분의 이해뿐 아니라 생활방식도 변화시키는 힘이 있습니다. 그러므로 영원한 말씀과의 더 깊은 만남으로 이끄는 믿음과 발견의 여정을 위해 마음을 준비하기 바랍니다.

2과 태초의 만물이 창조되기 전에 예수님 말씀이 이미 존재하였다

1. 태초의 만물이 창조되기 전에 말씀이 이미 존재하셨느니라.

태초의 만물이 창조되기 전에 말씀이 이미 존재하셨느니라(요한복음 1장 1절)

태초의 만물이 창조되기 전에 말씀이 이미 존재하셨느니라.

요한복음 1장 1절에 나오는 이 진술은 단지 신학적 요점이 아니라 예수님의 영원성에 관한 심오한 계시입니다. 그는 창조되지 않았습니다. 그것은 항상 존재해 왔습니다. 잠시 생각해 보십시오.

2. 예수님은 산 바다 별이 있기 전에 그분은 거기 계셨습니다.

산 바다 별이 있기 전에 그분은 거기 계셨습니다. 이것은 우리에게 무엇을 말해주는가? 이는 예수님께서 시간이나 상황의 제한을 받지 않으신다는 것을 보여줍니다. 어쩌면 우리의 삶이 순환이나 한계에 갇혀있다고 느낄 수도 있지만 예수님은 그 모든 것을 초월하십니다.

처음에 있었던 동일한 말씀이 지금 우리의 이야기에 들어오고 영원히 변화시킬 수 있습니다.

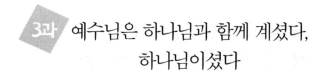

3과 예수님은 하나님과 함께 계셨다, 하나님이셨다

예수님께서 아버지와 내 안에 내가 아버지 안에 있는 것 같이 그들도 다 하나가 되게 하옵소서(요한복음 17장 21절)

하나님과 함께 계셨다와 하나님이셨다는 요한은 말씀을 설명하기 위해 사용한 단어입니다. 그들은 아버지와 아들 사이에 영원하고 완전한 친교, 우리 인간의 이해를 뛰어넘는 일치에 대해 말합니다.

그러나 가장 인상적인 것은 예수님께서 이 교제를 우리와 나누기로 하셨다는 것입니다. 요한복음 17장 21절에서 예수님께서 아버지께서 내 안에 내가 아버지 안에 있는 것 같이 그들도 다 하나가 되게 하옵소서라고 기도하실 때 그분은 우리를 그 신성한 관계로 초대하고 계십니다. 이것이 무엇을 의미하는지 상상할 수 있습니까?

1. 예수님은 태초부터 존재하셨던 바로 그 예수님께서 여러분과 교통하기를 원하십니다.

예수 그리스도는 어제나 오늘이나 영원토록 동일하시니라(히브리서 13장 8절)

태초부터 존재하셨던 바로 그 예수님께서 여러분과 교통하기를 원하십니다. 예수님의 영원성은 우리에게 안전을 줍니다. 그는 변하지 않고 지치지 않으며 어떤 사건에도 놀라지 않습니다.

히브리서 13장 8절에는 예수 그리스도는 어제나 오늘이나 영원토록 동일하시니라 라는 말씀이 있습니다. 우리는 삶의 불확실성 때문에 얼마나 자주 흔들리나요? 재정적 문제, 손실, 심지어 영적인 의심까지도 우리에게 거센 파도처럼 덮칠 수 있습니다. 그러나 영원하신 말씀은 굳건하고 흔들리지 않습니다.

그분은 우리의 삶을 지울 수 있는 반석이십니다. 그분은 우리가 직면하게 될 모든 어려움을 이미 알고 계셨으며 그분의 영원성은 그분이 매 순간 우리 곁에 계실 것을 보장합니다. 영원이라는 개념은 멀리 있는 것처럼 보일 수도 있지만 그것은 현실과 모든 관련이 있습니다.

예수님은 영원 하시기 때문에 그분은 우리를 위한 영원한 계획을 갖고 계십니다. 우리는 종종 현재에 대해 걱정하고 시간의 한계를 뛰어넘는 더 큰 목적이 있다는 사실을 망각합니다. 예레미야 29장 1절에서 하나님께서는 이렇게 선언하십니다. 너를 향한 나의 생각은 내가 안하니 곧 너를 평안하게 하려는 생각이오.

너를 해치려는 생각이니라 이 계획은 예수님의 영원성의 기초를 두고 있습니다. 그분은 시작과 끝을 보시고 우리에게 가장 좋은 것이 무엇인지 정확히 아십니다.

너를 향한 나의 생각은 내가 안 하니 곧 너를 평안하게 하려는 생각이오. 너를 해치려는 생각이니라 (예레미야 29장 1절)

2. 예수님은 자신을 알파와 오메가 시작과 끝으로 소개하십니다.

요한계시록 1장 8절에서 예수님은 자신을 알파와 오메가 시작과 끝으로 소개하십니다. 이것은 단지 권위를 주장하는 것이 아니라 그분이 통제하고 계시다는 것을 상기시켜주는 것입니다. '예수님이 영원하시고 그토록 강력한 분이시라면 나는 왜 그토록 많은 어려움을 겪는가'라는 의문이 들 수 있습니다. 그것은 유효한 질문입니다.

그 대답은 영원한 말씀이 우리의 것보다 훨씬 더 큰 관점을 가지고 있다는 것을 신뢰하는 데 있습니다. 그분은 당신의 삶의 모든 세부 사항, 심지어 어려움까지도 어떻게 더 큰 이익에 기여하는지 알고 계십니다. 로마서 8장 28절에 하나님이 자기를 사랑하는 자들에게는 모든 일이 합력하여 선을 이루게 하시는 줄을 우리가 알거니와 라고 말씀하고 있습니다. 예수님의 영원성을 바라볼 때 우리는 시간이 그분의 사역을 제한할 수 없다는 것을 깨닫게 됩니다.

4과 예수님은 우주를 창조한 동일한 힘이 여전히 활동하고 있습니다

여호와는 영원하신 하나님이시오 온 땅의 창조주시라 (이사야 40장 28절).

우주를 창조한 동일한 힘이 오늘날에도 여전히 활동하고 있습니다. 이사야 40장 28절에는 다음과 같은 말씀이 있습니다. 여호와는 영원하신 하나님이시오 온 땅의 창조주시라. 그분은 피곤하지도 않으시고 피곤하지도 않으시며, 그분의 지혜는 측량할 수 없습니다. 이는 우리가 피곤하고 혼란스러울지라도 예수님은 여전히 강하고 현존하신다는 뜻입니다.

1. 영원한 말씀이 우리 곁에서 힘과 방향과 희망을 제시합니다.

영원한 말씀이 우리 곁에서 힘과 방향과 희망을 제시합니다. 예수님의 영원하심은 미래에 대한 희망의 메시지이기도 합니다. 요한복음 14장 23절에서 그분은 이렇게 약속하셨습니다. 내 아버지 집에 거할 곳이 많도다. 그렇지 않다면 나는 그들에게 말했을 것이다. 내가 그들을 위하여 처소를 예비하리라. 내가 가서 그들을 위하여 처소를 예비하면 돌아와서 그들을 내게로 데려가리라. 이 약속은 우리의 삶이 여기서 끝나지 않는다는 것을 상기시켜 줍니다. 영원한 말씀은 더 이상 눈물도, 아픔도, 고난도 없는 영원한 본향을 준비하고 있습니다.

예수님의 사랑을 언급하지 않고 예수님의 영원성을 이야기하는 것은 불가능합니다. 로마서 8장 38~39절에서 바울은 아무것도 우리를 우리 주 그리스도 예수 안에 있는 하나님의 사랑에서 끊을 수 없다고 기록합니다. 여기에는 시간이 포함됩니다.

2. 우리를 향한 예수님의 사랑은 그분만큼이나 영원합니다.

우리를 향한 예수님의 사랑은 그분만큼이나 영원합니다. 그분은 결코 우리를 버리지 않으실 것이며, 결코 우리를 잊지 않으실 것입니다. 우리가 떠날 때에도 그분은 여전히 신실하십니다. 이 영원한 사랑은 우리 신앙의 기초이며, 우리는 그분이 결코 변하지 않으신다는 사실을 알고 안식할 수 있습니다.

말씀의 영혼성을 묵상할 때 우리는 예배의 장소로 데려가게 됩니다. 우리는 단지 강력한 누군가를 숭배하는 것이 아니라 우리를 깊이 사랑하고, 우리가 그분의 영원함을 공유하기를 원하는 누군가를 숭배하고 있습니다. 그분은 그분의 영원한 계획에 맞춰 목적 있는 삶을 살도록 우리를 부르시는 바로 그 하나님이십니다.

우리는 이 진리에 어떻게 반응할 수 있습니까? 감사와 신뢰로, 그리고 결코 변하지 않는 말씀에 우리 삶을 완전히 바치는 것입니다.

3. 예수님의 영원성은 단지 신학적 개념이 아닙니다.

예수님은 만물이 그로 말미암아 지은 바 되었으니 지은 것이 하나도 그가 없이는 된 것이 없느니라 (요한복음 13장 3절)

예수님의 영원성은 단지 신학적 개념이 아닙니다. 삶을 변화시키는 현실입니다. 그분은 태초에 계셨던 말씀이시며, 그분은 하나님이시며 우리를 그분과 영원히 함께 살라고 부르십니다. 생각해 보십시오. 영원한 말씀이 당신과 함께 있다면 무엇이 우리에 발전을 막을 수 있습니까?

그분은 시간과 공간, 그리고 우리가 직면하는 어떤 어려움도 초월하십니다. 그러므로 오늘 그분을 신뢰하십시오. 그분은 혼돈을, 질서로, 의심을, 믿음으로, 죽음을 생명으로 변화시키는 동일한 말씀이십니다. 만물이 그로 말미암아 지은 바 되었으니 지은 것이 하나도 그가 없이는 된 것이 없느니라.

요한복음 13장 3절, 이 말씀은 예수님이 창조 행위를 단지 구경꾼으로만 보지 않으신다는 것을 우리에게 보여줍니다. 그분은 모든 것을 창조하신 대리인이십니다. 깊이 생각해 보십시오.

5과 우주의 모든 복잡한 세부 사항은 예수님의 작품이었습니다

하나님께서 능력의 말씀으로 우주를 유지하신다(히브리서 1장 3절).

모든 장엄한 산, 모든 빛나는 별, 우주의 모든 복잡한 세부 사항은 그분의 작품이었습니다. 이것은 존재하는 모든 것에 대한 그분의 권위와 능력을 우리에게 보여줍니다.

우리가 창조물을 볼 때 우리는 말씀의 성격과 위대함이 반영되는 것을 봅니다. 이것은 영감을 줄 뿐만 아니라 깊은 위로가 됩니다.

왜냐하면 하나님께서 우리의 삶에서도 새로운 것을 창조하실 수 있다는 뜻이기 때문입니다. 창세기 이후로 우리는 창조에 있어서 말씀의 강력한 활동을 봅니다.

하나님이 이르시되 빛이 있으라 하시니라. 빛이 있었고. 창세기 1장 3절 이 창조적인 말씀은 존재하지 않는 것을 존재하게 하시는 로고스이신 예수님 자신이십니다. 우리의 삶에 혼돈이나 어둠이 지배하는 부분이 있다고 느낄 수도 있습니다. 그러나 기억하십시오. 빛이 있으라고 하신 동일한 말씀이 여전히 활동하고 있습니다. 그것은 삶의 어두운 부분에 빛을 가져다주고, 혼돈의 질서를 가져오고, 공허함을 충만함으로 바꿀 수 있습니다.

말씀이 행할 때 똑같은 것은 아무것도 없습니다. 시편 33편 6절은 이렇게 말합니다. 여호와의 말씀으로 하늘이 지음이 되었으며, 그 만상이 그 입의 기운으로 이루어졌도다(시편 33편 6절).

1. 예수님은 만물을 창조하셨을 뿐 아니라 유지하시는 예수님이 십니다.

하나님께서 능력의 말씀으로 우주를 유지하신다(히브리서 1장 3절).

이 말씀은 만물을 창조하셨을 뿐 아니라 유지하시는 예수님이 십니다. 히브리서 1장 3절은 하나님께서 능력의 말씀으로 우주를 유지하신다는 사실을 상기시켜 줍니다. 이는 우리의 삶에 그분의 손길이 닿지 않는 세세한 부분이 없다는 것을 의미합니다.

그분께서 별들을 제 자리에 두시고 바다를 그 한계 안에 두시는 것처럼, 그분은 매 순간 심지어 가장 어려운 순간에도 당신을 지탱하실 수 있습니다. 창조는 하나님의 위대하심에 대한 증거일 뿐만 아니라 그분의 사랑에 대한 증거이기도 합니다. 예수께서는 우주를 무관심하게 창조하지 않으셨습니다.

그분은 우리가 그분의 선하심을 알고 그분과 교제하며 살 수 있도록 만물을 창조하셨습니다. 골로새서에서 1장 16절에 다음과 같은 말씀이 있습니다. 주권, 권력 또는 권위 모든 것이 그분에 의해 창조되었고, 그분을 위해 창조되었습니다.

우리는 그분을 위해 창조되었으며, 그것이 우리의 존재에 의미를 부여합니다. 창조의 주체인 말씀을 묵상할 때 우리는 그분의 주권을 인식하게 됩니다.

6과 예수님은 우주를 창조하셨을 뿐만 아니라 우주를 다스리는 권세도 갖고 계십니다

예수님은 주권, 권력, 권위 모든 것이 그분에 의해 창조되었고, 그분을 위해 창조되었다(골로새서 1장 16절).

그분은 우주를 창조하셨을 뿐만 아니라 우주를 다스리는 권세도 갖고 계십니다.

마태복음 8장 27절에서 제자들은 이가 누구이기에 바람과 바다도 순종하는가라고 질문했습니다.

예수님은 모든 것을 창조하신 동일한 예수님이시며, 우리의 삶을 다스리는 권위를 갖고 계신 분이기도 합니다. 그분께서 잠잠하지 못하실 폭풍이 없고, 그분께서 움직이시지 못할 산이 없습니다. 창조는 또한 말씀의 무한한 창조성을 반영합니다.

놀라운 풍경부터 복잡한 생물까지 모든 것이 그분의 무한한 상상력을 드러냅니다.

에베소서 2장 10절에서 바울은 이렇게 썼습니다. 우리는 하나님의 피조물이라 그리스도 예수 안에서 선한 일을 위하여 지으심을 받은 자니, 이 일은 하나님이 전에 예비하사 우리로 그 가운데서 행하게 하려 하심이니라.

이는 우리도 목적을 가지고 만들어진 창조주의 걸작임을 의미합니다. 우리의 삶은 이 창조적 계획의 중요한 부분이며, 하나님께서는 우리의 영광을 나타내기 위해 우리를 사용하기를 원하십니다.

1. 예수님은 말씀의 창조력은 과거에만 국한되지 않습니다. 그는 오늘도 계속 창조하고 있다.

말씀의 창조력은 과거에만 국한되지 않습니다. 그는 오늘도 계속 창조하고 있다.

고린도후서 5장 17절에는 누구든지 그리스도 안에 있으면 새로운 피조물이라 이전 것들은 지나갔습니다. 보라 새것이 왔도다.

어쩌면 당신은 과거에 갇혀있다고 느낄 수도 있지만, 예수님은 모든 것을 새롭게 만드는 데 전문가이십니다. 그분은 단지 상황을 변화시키시는 것이 아닙니다. 그분은 마음을 변화시키십니다. 우리가 그분께 우리의 삶을 바칠 때 우리는 이 새로운 창조의 일부가 됩니다.

2. 예수님께서는 또한 우리가 그분의 창조 능력에 참여하도록 초대하십니다.

예수님께서는 또한 우리가 그분의 창조 능력에 참여하도록 초대하십니다.

요한복음 14장 12절에 나를 믿는 자는 내가 행한 일을 그도 할 것이오라고 말씀하셨습니다.

그분은 이보다 더 큰 일도 행하실 것입니다. 이는 우리가 그분과 같은 수준의 창조자라는 뜻이 아니라 그분을 통해 우리가 변화의 주체가 될 수 있다는 뜻입니다.

우리는 세상에 빛이 되고 절망이 있는 곳에 희망을 가져오고 말씀을 행동으로 반영하도록 부르심을 받았습니다. 창조의 대리인으로서의 말씀은 그분의 손이 닿지 않는 곳에는 아무것도 없다는 것을 우리에게 상기시켜 줍니다.

불가능해 보이는 어려움에 직면할 수도 있지만, 그분은 하늘과 땅을 창조하신 동일한 말씀이심을 기억하십시오. 그분이 무에서 생명을 가져오실 수 있다면 그분은 당신의 삶에서 불가능한 일도 하실 수 있습니다. 누가복음 1장 37절에는 하나님에게는 불가능한 일이 없습니다라는 말씀이 있습니다.

아무리 어려워 보일지라도 창조주께서는 어떤 상황에도 개입하실 수 있는 힘을 갖고 계시다는 것을 믿으십시오. 말씀을 창조의 주체로 볼 때 우리는 그분을 예배하고 신뢰하게 됩니다.

3. 예수님은 우주의 창조주이실 뿐만 아니라 그분은 우리의 이야기를 창조하신 분이십니다.

예수님은 우주의 창조주이실 뿐만 아니라 그분은 우리의 이야기를 창조하신 분이십니다. 그분은 모든 순간, 모든 도전을 그분의 영광을 위해 아름다운 것으로 바꾸실 수 있습니다. 우리가 말씀에 굴복할 때 우리는 역사상 가장 위대한 창조주께 당신의 삶을 굴복시키는 것입니다.

그분은 우리가 구하거나 생각하는 것에 더 넘치도록 능히 행하실 수 있습니다. 믿으십시오. 우주를 창조하신 말씀이 당신의 삶에서 역사하고 계십니다.

말씀이 육신이 되어 우리 가운데 거하심에 은혜와 진리가 충만하더라.
요한복음 14장 이 말은 역사상 가장 큰 신비를 묘사합니다. 즉 영원하신 하나님께서 인간이 되셨습니다. 그게 무슨 뜻인지 생각해 보십시오.

4. 예수님은 겸손한 종으로 자신이 창조한 세상에 들어가기로 선택하셨습니다.

우주의 창조주께서는 강력한 왕이 아니라 겸손한 종으로 자신이 창조한 세상에 들어가기로 선택하셨습니다. 그분은 우리 가운데 거하시며 우리의 고통을 느끼시고 기쁨을 나누셨습니다. 이는 단지 상징적인 몸짓이 아니었습니다. 그것은 비교할 수 없는 사랑의 행위였습니다. 그분은 우리에게 가까이 오셔서 우리가 다시는 외로움을 느끼지 않도록 하셨습니다.

요한복음 1장 14절에 나오는 "거하시다"라는 단어는 "장막을 치셨다" 또는 "그의 장막을 치셨다"로 번역될 수 있습니다. 이는 하나님께서 이스라엘 백성 가운데 거하셨던 구약의 성막으로 우리를 데려갑니다.

그러나 이제 예수님 안에서 하나님은 우리 가운데만 계시는 것이 아닙니다. 그분은 육신으로 우리와 함께 계십니다. 그분은 멀리 계시거나 접근할 수 없는 하나님이 아닙니다. 그분은 임마누엘, 즉 우리와 함께 계시는 하나님이십니다.

마태복음 1장 23절 이는 당신이 어디에 있든 그분이 거기 계시며 당신의 어려움을 이해하시고 당신의 승리를 축하하신다는 것을 의미합니다. 말씀의 성육신은 또한 하나님께서 인류를 얼마나 귀하게 여기시는지를 우리에게 보여줍니다. 빌립보서 2장 6~7절에 보면 예수님은 그 본체는 하나님의 본체시나 하나님과 동등됨을 취할 것으로 여기지 아니하시고, 오직 하나님과 동등됨을 취할 것으로 여기지 아니하시고라고 기록되어 있습니다.

오히려 자기를 비워 종이 되었습니다. 그분은 우리의 약점과 한계를 확인하시고 우리와 같은 삶을 사셨습니다.

7과 예수님은 하나님의 본체이시나 정죄하러 오신 것이 아니라 구원하러 오셨습니다

(빌립보서 2장 6~7절)

1. 예수님은 그 본체는 하나님의 본체시나 하나님과 동등됨을 취할 것으로 여기지 아니하시고, 오직 하나님과 동등 됨을 취할 것으로 여기지 아니하시고라고 하십니다.

그분은 정죄하러 오신 것이 아니라 구원하러 오셨습니다. 이는 우리를 너무나 사랑하셔서 당신의 아들을 보내셔서 우리 가운데 거하시고 우리를 구속하시는 아버지의 마음을 드러냅니다. 또한 인류에 대한 하나님의 헌신을 보여주는 컷이기도 합니다. 그분은 우리를 멀리서 지켜만 보시지 않습니다. 그는 우리의 이야기에 참여하여 우리의 경험을 공유했습니다.

히브리서 4장 15절에는 다음과 같은 말씀이 있습니다. **우리에게 있는 대제사장은 우리의 연약함을 동정하지 못하시는 이가 아니오, 오직 우리와 같이 모든 시험을 겪으신 이이시되 죄는 없으시니라(히브리서 4장 15절).** 이것은 예수님께서 당신이 겪고 있는 일을 완전히 이해하고 계시다는 것을 의미합니다. 그분은 우리의 어려움을 아시고 매 순간 우리 곁에 계십니다.

말씀이 육신이 되신 것은 또한 하나님께서 접근하실 수 있음을 우리에게 보여줍니다. 고대에는 오직 대제사장만이 하나님의 임재가 거하는 지성소에 들어갈 수 있었습니다. 그러나 예수님 안에서 지성소가 우리에게 왔습니다.

그분은 병든 자들을 만지셨고 버림받은 자들을 환영하셨으며 죄인들과 함께 걸으셨습니다. 그분은 완전한 사람을 위해 오신 것이 아니라 구원자가 필요한 사람들을 위해 오셨습니다.

여기에는 우리도 모두가 포함됩니다. 그분은 우리를 정죄함으로 부르시는 것이 아니라 은혜와 진리로 부르십니다. 말씀의 성육신은 하나님께서 우리 삶의 세세한 부분까지 관심을 갖고 계심을 우리에게 가르칩니다. 그분은 멀리 있는 인물로 오신 것이 아니라 삶의 충만함을 경험한 분으로 오셨습니다. 그는 웃고 울고 일하고 쉬었습니다. 그는 인간이 된다는 것이 무엇을 의미하는지 이해합니다.

이사야 53장 3절에서 우리는 그분이 간고를 아는 사람이요, 환난을 아는 자라고 말씀 하셨습니다. 그분이 이해하지 못하실 고통이나 어려움은 없습니다. 그분은 모든 단계에서 우리와 함께 계십니다. 또한 하나님의 목적, 즉 구속을 드러냅니다.

2. 예수님은 단지 우리 가운데 살기 위해 오신 것이 아닙니다.

하나님이 세상을 이처럼 사랑하사 독생자를 주셨으니, 이는 저를 믿는 자마다 멸망하지 않고 영생을 얻게 하려 하심이니라(요한복음 3장 16절).

그분은 우리를 구원하러 오셨습니다. 요한복음 3장 16절에는 하나님이 세상을 이처럼 사랑하사 독생자를 주셨으니, 이는 저를 믿는 자마다 멸망하지 않고 영생을 얻게 하려 하심 이니라라는 말씀이 있습니다. 그분이 세상 죄를 짊어지실 십자가를 향한 첫 걸음이었습니다. 그분은 우리를 아버지와 다시 교통하게 하려고 오셨습니다.

성육신의 영향은 심오합니다. 말씀이 육신이 되셨다는 것을 이해할 때 우리는 하나님께서 우리의 고통에 무관심하지 않으신다는 것을 깨닫게 됩니다. 그분은 우리에게 가까이 다가오시며 우리와 함께 고난을 받으시고 우리에게 희망을 주시는 하나님이십니다.

로마서 8장 32절에서 바울은 이렇게 썼습니다.

자기 아들을 아끼지 아니하시고 우리 모든 사람을 위하여 내주신 이가 어찌 그 아들과 함께 모든 것을 우리에게 은사로 주지 아니하시겠느냐(로마서 8장 32절).

이는 그분이 우리를 이해하시고 사랑하신다는 것을 알면서 담대히 그분께 다가갈 수 있다는 확신을 줍니다.

말씀에 또한 우리에게 응답을 요청합니다.

3. 예수님은 하나님께서 우리를 향한 사랑으로 인간이 되기까지 자신을 낮추셨다.

하나님께서 우리를 향한 사랑으로 인간이 되기까지 자신을 낮추셨다면, 우리는 그 사랑에 우리는 어떻게 반응하고 있나요 그분께서는 우리에게 그분과 교통하며 살고, 그분의 겸손의 모범을 따르며 그분의 메시지를 세상에 전하라고 부르십니다. 요한일서에는 다음과 같은 내용이 있습니다.

하나님이 자기의 사랑을 우리에게 이렇게 나타내셨으니, 곧 자기의 독생자를 세상에 보내심은 저로 말미암아 우리를 살리려 하심이니라 우리가 하는 모든 일에서 이 사랑을 반영하는 방식으로 살아가기를 바랍니다.

말씀은 하나님이 누구신지 우리에게 보여주고, 우리를 그분의 마음으로 되돌리기 위해 육신이 되었습니다. 이 진리는 우리를 변화시키고 우리에게 목적을 부여하며 우리를 희망으로 채워줍니다. 그분은 강한 자들을 위해서 오신 것이 아니라 약한 자들을 위해서 오셨습니다.

의인만을 위한 것이 아니라 죄인을 위한 것입니다. 그는 우리를 위해 왔습니다. 우리 가운데 거하신 말씀이 지금 여기에 있으며, 우리의 삶을 변화시킬 준비가 되어 있어야 합니다. 그분을 신뢰하고 그분께 항복하고, 그분의 임재가 당신의 길에 빛과 은혜와 진리를 가져오도록 하십시오.

4. 예수님은 말씀에 생명이 있었으니 이 생명은 사람들의 빛이라.

말씀에 생명이 있었으니 이 생명은 사람들의 빛이라(요한복음 1장 4절).
요한복음 1장 4절 처음부터 예수님은 생명과 빛의 근원으로 묘사되었습니다.

그분은 단지 인도하는 빛이 아니라 존재의 의미를 부여하는 빛이십니다. 종종 영적, 감정적, 도덕적 어둠으로 얼룩진 세상에서 예수님의 빛은 변화시키는 능력으로 빛납니다. 빛이나 방향 없이 사는 것이 어떤 것인지 잠시 상상해 봅니다. 많은 사람이 바로 이렇게 생각합니다. 그러나 예수님이 답입니다.

그분은 우리의 길을 밝혀주시고 우리의 의심을 없애시며 우리에게 진실을 보여주십니다. 말씀의 빛은 은유 이상의 것입니다. 그것은 현실입니다.

창세기 1장 3절에 하나님께서 빛이 있으라 하시니 빛이 있었습니다.

이 빛은 육체적인 빛일 뿐만 아니라 영적인 빛이기도 하며 예수님의 임재를 반영합니다. 시편 119편 105절에는 다음과 같은 내용이 있습니다.

당신의 말씀은 내 발에 등이요 내 길의 빛입니다(시편 119편105절)

예수님께서 우리 삶을 비추시도록 허락할 때 우리는 혼란 속에서도 명확함을 얻고, 절망 속에서도 희망을 얻습니다. 그분은 영혼의 가장 어두운 밤에도 결코 꺼지지 않는 빛입니다. 그러나 이 빛에는 뭔가 심오한 것이 있습니다. 그것은 모든 사람에게 제공되지만, 모든 사람이 그것을 받아들이는 것은 아닙니다.

5. 예수님은 빛이 어두움에 빛이 돼 어두움이 깨닫지 못하더라고 기록되어 있습니다.

요한복음 1장 5절에 빛이 어두움에 빛이 돼 어두움이 깨닫지 못하더라고 기록되어 있습니다.

어둠이 제공하는 모든 저항에도 불구하고 그들은 말씀의 빛을 끌

수 없습니다. 우리가 어둠과 싸우고 있다고 느낀다면 예수님의 빛이 더 강하다는 것을 알아야 합니다. 그분은 죄와 두려움과 죽음을 정복하셨습니다. 우리가 해야 할 일은 마음을 열고 그분의 빛을 받아들이는 것뿐입니다. 예수님은 단지 빛을 가져오시는 것이 아닙니다. 그분은 빛이십니다.

요한복음 8장 12절에서 그분은 나는 세상의 빛이다라고 선언하십니다.

나를 따르는 사람은 결코 어둠에 다니지 않고 생명의 빛을 얻으리라. 이것은 약속, 그 이상입니다. 보증입니다. 우리가 예수님을 따를 때 그분은 우리 앞의 길뿐만 아니라 우리의 내면도 밝혀주어 치유와 변화가 필요한 영역을 밝혀주십니다. 이 빛은 진리를 드러내고 우리를 하나님께 더 가까이 인도 하십니다. 말씀의 빛은 또한 인도하는 빛이기도 합니다. 등대가 폭풍 속에서 선원들을 인도하는 것처럼, 예수님은 인생의 불확실성 속에서 우리를 인도하십니다.

이사야 9장2절에서는 이렇게 말합니다. 어두움에 행하던 백성이 큰 빛을 보았도다. 사망의 그늘진 땅에 거주하던 자들에게 빛이 비추도다. 우리는 어려운 결정을 내리거나 의심의 순간에 직면할 수도 있습니다.

그러나 기억하여야 할 사항은, 말씀은 각 단계를 밝히고 우리를 목적과 평화로 이끄는 빛입니다. 이 빛은 우리만을 위한 것이 아닙니다. 예수님은 우리의 광채를 반영하기 위해 우리를 부릅니다.

6. 예수님은 너희는 세상의 빛이라 언덕 위에 건설된 도시는 숨길 수 없습니다.

예수님은 너희는 세상의 빛이라 언덕 위에 건설된 도시는 숨길 수 없습니다(마태복음 5장 14절).

마태복음 5장 14절에서 예수님은 너희는 세상의 빛이라 언덕 위에 건설된 도시는 숨길 수 없습니다. 그리스도를 따르는 사람들로서 우리는 아직 어둠 속에 있는 사람들에게 말씀의 빛을 전하도록 부르심을 받았습니다. 희망의 말, 친절한 행동, 예수님의 성품을 반영하는 삶 등을 통해 우리는 그분의 빛이 절실히 필요한 세상에서 그분의 빛의 도구가 되어야 합니다. 말씀의 빛은 또한 우리에게 분별력을 가져다줍니다.

에베소서 5장 8절 9절에서 바울은 이렇게 썼습니다.

7. 예수님은 너희가 전에는 어둠이더니 이제는 주 안에서 빛이라 빛의 자녀처럼 행하라.

너희가 전에는 어둠이더니 이제는 주 안에서 빛이라 빛의 자녀처럼 행하라. 빛의 열매는 모든 착함과 의로움과 진실함에 있느니라(에베소서 5장 8절 9절).

예수님의 빛은 우리가 옳고 그름을 구별하고 성실하게 걷고 하나님께 영광을 돌리는 것을 선택하는 데 도움이 됩니다. 이 빛이 우리의 결정을 인도하도록 할 때 우리는 그분의 뜻에 일치하는 생활에서 오는 평안과 기쁨을 경험합니다. 말씀의 빛의 또 다른 강력한 측면은 치유를 가져오는 능력입니다. 햇빛이 시들어가는 것에 생명과 건강을 가져다주듯이, 예수님의 빛은 우리의 상처받은 영혼을 회복시킵니다.

8. 예수님은 내 이름을 경외하는 너희에게는 의로운 해가 떠올라서 치료하는 광선을 바라리니라는 말씀이 있습니다.

내 이름을 경외하는 너희에게는 의로운 해가 떠올라서 치료하는 광선을 바라리니라(말라기 4장 2절).

말라기 4장 2절에는 내 이름을 경외하는 너희에게는 의로운 해가 떠올라서 치료하는 광선을 바라리니라는 말씀이 있습니다. 당신이 어떤 상처를 갖고 있더라도 예수님의 빛은 그 상처를 치유하고 재생과 회복을 가져오는 힘을 가지고 있습니다.

그러나 이 빛을 받아들이는 데에는 소명이 있습니다. 우리는 어둠을 뒤에 남겨두어야 합니다. 요한일서 1장 57절에는 이렇게 기록되어 있습니다.

하나님은 빛이십니다. 그에게는 어둠이 전혀 없습니다.

우리가 하나님과 사귄다고 하면서 어둠 가운데 행하면 우리는 거짓말을 하고 진리를 행하지 않는 것입니다.

9. 예수님의 빛은 그 상처를 치유하고 재생과 회복을 가져오

는 힘을 가지고 있습니다.

그러나 그가 빛 가운데 계신 것 같이, 우리도 빛 가운데 행하면 우리가 서로 사귐이 있고, 그 아들 예수의 피가 우리를 모든 죄에서 깨끗하게 하실 것이오 말씀의 빛은 우리를 투명하고 성실하며 친교의 삶으로 초대합니다. 예수님께서 "나는 세상의 빛이다"라고 말씀하실 때 그분은 우리에게 방향 이상의 것을 제시하고 계십니다.

10. 예수님은 우리에게 생명을 주시고 계십니다.

예수님은 우리에게 생명을 주시고 계십니다. 말씀의 빛은 우리를 변화시키고 회복시키며 더 큰 목적으로 부르시는 빛입니다. 우리는 이 빛의 마음을 열었나요? 우리는 그것이 우리의 삶의 가장 깊은 영역을 밝히도록 허용했습니까?

우리가 처한 상황이 아무리 어두울지라도 예수님의 빛은 그것을 비추기에 충분합니다. 그분은 결코 꺼지지 않는 빛이시며 결코 꺼지지 않는 빛이십니다.

보라 세상 죄를 지고 가는 하나님의 어린 양이로다(요한복음 12장 9절).

요한복음 12장 9절에 세례 요한은 이 말로 예수님이 세상에 오신 주된 목적을 선포합니다. 태초에 하나님과 함께 계셨던 말씀, 만물을 창조하시고 육신이 되신 말씀은 인류를 구원하는 특별한 사명을 가지고 오셨습니다.

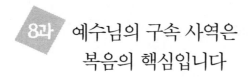# 8과 예수님의 구속 사역은 복음의 핵심입니다

모든 사람이 죄를 범하였음에 하나님의 영광에 이르지 못하더니, 그리스도 예수 안에 있는 속량으로 말미암아 하나님의 은혜로 값없이 의롭다 하심을 얻은 자 되었느니라(로마서 3장 23 24절).

예수님의 구속 사역은 복음의 핵심입니다. 그분은 우리를 가르치거나 치유하기 위해 오셨을 뿐만 아니라 우리를 구원하기 위해 오셨습니다.

그는 완전한 제물이시오, 우리 모두의 죄를 지고 가기 위해 바쳐진 어린 양이십니다.

로마서 3장 23-24절에는 모든 사람이 죄를 범하였음에 하나님의 영광에 이르지 못하더니, 그리스도 예수 안에 있는 속량으로 말미암아 하나님의 은혜로 값없이 의롭다 하심을 얻은 자 되었느니라고 기록되어 있습니다.

죄는 우리를 하나님으로부터 분리시켰지만, 말씀의 구속 사역은 우리에게 화해를 가져왔습니다.

1. 예수님은 십자가에 달리셨을 때 우리 죄의 무게를 짊어지시고

예수님은 십자가에 달리셨을 때 우리 죄의 무게를 짊어지시고 우리가 결코 지불할 수 없는 대가를 치르셨습니다. 그분은 우리가 아버지와 교제할 수 있도록 사랑으로 이 일을 하셨습니다. 이것은 세상이 본 것 중 가장 위대한 사랑의 표현입니다. 말씀의 구속 사역은 또한 우리에게 자유를 줍니다.

갈라디아서 5장 1절에서 바울은 그리스도께서 우리를 자유롭게 하려고 자유를 주셨으니, 그러므로 굳건하게 서서 다시는 종의 멍에를 메지 마십시오.

예수님은 죽음과 부활을 통해 우리를 죄와 죄책감, 두려움의 속박에서 해방시키셨습니다. 그분은 우리에게 더 이상 과거가 아니라 그분이 우리를 위해 행하신 일로 정의되는 새로운 삶을 제공하십니다. 이 자유는 우리의 현재뿐만 아니라 미래도 변화시키는 선물입니다.

예수님의 구속 사역의 영향력은 영원합니다. 히브리서 9장 12절에 염소와 황소의 피로 아니하고 오직 자기 피로 단번에 지성소에 들어가 영원한 속죄를 이루셨느니라고 기록되어 있습니다.

이는 십자가 위에서의 그분의 사역이 충분하고 완전하며 결정적이었다는 것을 의미합니다.

2. 예수님은 하나님의 어린 양이 완전한 제사를 드리셨기 때문에 더 이상 계속적인 제사를 드릴 필요가 없습니다.

하나님의 어린 양이 완전한 제사를 드리셨기 때문에 더 이상 계속적인 제사를 드릴 필요가 없습니다. 우리는 그분을 통해 우리의 구원이 보장된다는 확신 속에 안식할 수 있습니다. 말씀의 구속 사역은 또한 우리가 하나님께 나아갈 수 있게 해줍니다.

에베소서 2장 18절에는 그로 말미암아 우리와 너희가 한 성령으로 말미암아 아버지께 나아감을 얻었느니라라는 말씀이 있습니다.

예수님 이전에는 하나님께 나아가는 것이 제한되었습니다.

9과 예수님의 죽음으로 인해 성전 휘장이 찢어졌습니다

우리가 아직 죄인 되었을 때에 그리스도께서 우리를 위하여 죽으심으로 하나님께서 우리에 대한 자기의 사랑을 확증하셨느니라(로마서 5장 8절).

그러나 그분의 죽음으로 인해 성전 휘장이 찢어졌습니다.

이는 우리가 이제 담대함을 가지고 하나님께 나아갈 수 있음을 상징합니다. 우리는 더 이상 인간 중계자가 필요하지 않습니다. 예수님은 우리의 중보자시며 대제사장이시며 우리를 은혜의 보좌 앞으로 직접 데려가시는 분입니다. 예수님의 구속 사역을 묵상할 때 우리는 하나님 사랑의 깊이를 마주하게 됩니다.

로마서 5장 8절에서 바울은 이렇게 썼습니다. 우리가 아직 죄인 되었을 때에 그리스도께서 우리를 위하여 죽으심으로 하나님께서 우리에 대한 자기의 사랑을 확증하셨느니라 그분은 우리가 합당하거나 합당한 사람이 되기를 기다리지 않으셨습니다.

그분은 우리가 불완전할 때에도 우리를 사랑하셨습니다. 이 사랑은 단순한 감정이 아니라 십자가에서 확실히 드러난 구체적인 행동입니다.

구속은 또한 우리에게 새로운 목적을 줍니다. 고린도후서 5장 17-18절에는 다음과 같은 내용이 있습니다.

1. 예수님에 누구든지 그리스도 안에 있으면 새로운 피조물입니다.

누구든지 그리스도 안에 있으면 새로운 피조물이다. 이전 것들은 지나갔습니다. 보라 새로운 것이 나타났느니라. 이 모든 것은 그리스도로 말미암아 우리를 자기와 화목하게 하시고 우리에게 화목하게 하는 직분을 주신 하나님께로서 낳느니라(고린도후서 5장 17-18절).

우리가 구원을 받으면 새 생명을 받을 뿐만 아니라 이 희망의 메시지를 세상에 전하도록 부르심을 받습니다. 말씀의 구속 사역은 단지 과거나 미래에 관한 것이 아닙니다. 그것은 우리의 현재를 변화시킵니다. 요한복음 10장 10절에서 예수께서는 내가 온 것은 양으로 생명을 얻게 하고 더 풍성히 얻게 하려 함이라고 말씀하십니다.

이 충만함은 외적인 상황에 기초한 것이 아니라 예수님과의 살아있고 개인적인 관계에 기초합니다. 예수님께서 우리를 위해 행하신 일을 이해할 때 우리는 인간의 이해를 뛰어넘는 기쁨과 평안으로 가득 차게 됩니다. 예수님께서는 또한 우리에게 그분의 구속에 응답하여 살라고 부르십니다.

고린도전서에는 이렇게 기록되어 있습니다. 너희는 값으로 산 것이 되었느니라. 그러므로 너희 몸으로 하나님께 영광을 돌리라. 이제 우리의 삶은 그분께 속해 있으며, 우리는 그분이 우리를 위해 치르신 희생을 기리는 방식으로 살도록 부르심을 받았습니다.

이것은 부담이 아니라 특권입니다. 왜냐하면 그것은 우리 삶의 영원한 의미와 목적이 있다는 것을 의미하기 때문입니다.

말씀의 구속 사역은 우리 소망의 기초입니다. 그분이 죽으시고 다시 살아나셨기 때문에 우리는 죽음이 끝이 아님을 확신할 수 있습니다.

2. 예수님의 구속은 우리에게 그분과 함께하는 영생을 보장합니다.

고린도전서 15장 54-55절에서 바울은 이렇게 선언합니다.

사망은 승리로 말미암아 멸망되었습니다. 오 사망과 너의 승리는 어디에 있느냐 오 사망과 너의 쏘는 것이 어디 있느냐(고린도전서 15장 54-55절).

예수님의 구속은 우리에게 그분과 함께하는 영생을 보장합니다.

그곳에서는 더 이상 고통, 슬픔, 이별이 없을 것입니다. 이것이 모든 것을 변화시키는 약속입니다. 우리가 아직 죄인 되었을 때에 그리스도께서 우리를 위하여 죽으심으로 하나님께서 우리에 대한 자기의 사랑을 확증하셨느니라.

롬 5장 8절, 이 말씀은 하나님의 마음의 본질을 우리에게 드러냅니다.

3. 예수님은 의무로 세상에 오신 것이 아니라 사랑으로 오셨습니다.

말씀이신 예수님은 의무나 의무로 세상에 오신 것이 아니라 사랑으로 오셨습니다. 이 사랑은 우리가 하는 일이나 하지 않는 일에 따라 결정되지 않기 때문에 비교할 수 없습니다. 그것은 선택하고 항복하고 희생하는 사랑입니다.

십자가를 바라볼 때 우리는 이 사랑, 인간의 이해를 초월하는 사랑의 궁극적인 표현을 봅니다. 성경에서 가장 잘 알려진 구절인 요한복음 3장 16절에는 다음과 같은 말씀이 있습니다.

4. 예수님은 하나님이 세상을 이처럼 사랑하사 독생자 그리스도를 주셨으니

하나님이 세상을 이처럼 사랑하사 독생자를 주셨으니, 이는 저를 믿는 자마다 멸망하지 않고 영생을 얻게 하려 하심이니라(요한복음 3장 16절).

이 진술은 하나님의 사랑이 배타적이거나 제한되지 않는다는 점을 상기시켜 줍니다.

그것은 모두를 위한 것입니다. 그분은 성도나 의인만을 사랑하시는 것이 아니라 역사에 상관없이 모든 사람을 사랑하십니다. 이 사랑은 포괄적이고 보편적이며 매우 개인적이며, 우리 각자의 필요와 약점에 다가갑니다. 말씀에 나타난 하나님의 사랑은 단순한 느낌이 아닙니다.

그것은 행동이다. 요한일서 4장 9-10절에 하나님이 그 사랑을 우리에게 이렇게 나타내셨으니, 곧 자기의 독생자를 세상에 보내심은 그로 말미암아 우리를 살리려 하심이니라. 사랑은 여기에 있느니라. 우리가 하나님을 사랑한 것이 아니요. 오직 하나님이 우리를 사랑하사 우리 죄를 속하기 위하여 화목 제물로 그 아들을 보내셨음이니라(요한일서 4장 9-10절).

이 사랑은 희생, 즉 예수님께서 우리를 아버지와 화해시키기 위해 치르신 대가의 형태를 취했습니다. 이 사랑도 영원합니다. 예레미야 3장 3절에서 하나님께서는 이렇게 선언하십니다. 내가 영원한 사랑으로 그를 사랑하였다. 충성스러운 사랑으로 나는 그녀를 그렸습니다. 우리는 주변 사람들의 사랑이 조건부적이거나 덧없다고 느낄 때가 많습니다. 그러나 하나님의 사랑은 흔들리지 않습니다.

예수님은 우리가 존재하기도 전부터
우리를 사랑하셨고

사망이나 생명이나 천사나 귀신이나 다른 어떤 것도 우리를 우리 주 그리스도 예수 안에 있는 하나님의 사랑에서 끊을 수 없다(로마서 8장 38 39절)

그분은 우리가 존재하기도 전부터 우리를 사랑하셨고, 그 무엇도 그분을 우리에게서 떼어놓을 수 없습니다.

로마서 8장 38-39절에서 바울은 사망이나 생명이나 천사나 귀신이나 다른 어떤 것도 우리를 우리 주 그리스도 예수 안에 있는 하나님의 사랑에서 끊을 수 없다고 기록합니다. 말씀 안에 있는 하나님의 사랑도 우리를 변화시킵니다.

우리가 이 사랑의 깊이를 이해할 때 우리는 같은 상태로 있을 수 없습니다.

고린도후서에서 우리는 이렇게 읽습니다. 그리스도의 사랑이 우리를 강권하시는도다. 우리는 한 분이 모든 사람을 대신하여 죽으셨다는 것을 확신합니다. 곧 모두가 죽었습니다. 그리고 그분께서 모든 사람을 위하여 죽으셨으니, 이는 사라 있는 자들이 더 이상 자기를 위하여 살지 않고 오직 저희를 위하여 죽으시고 부활하신 이를 위하여 살게 하려 하심이니라.

이 사랑은 우리를 행복과 감사, 봉사의 삶으로 부릅니다. 말씀에 나타난 하나님의 사랑도 우리에게 안전을 줍니다.

1. 예수님은 내가 그들에게 영생을 주노니 영원히 멸망치 아니할 터이오.

요한복음 10장28-29절에서 예수님은 이렇게 말씀하십니다.

내가 그들에게 영생을 주노니 영원히 멸망치 아니할 터이오 아무도 그들을 내 손에서 빼앗을 수 없습니다. 그들을 내게 주신 내 아버지는 모든 것보다 크시니라 아무도 그들을 내 아버지 손에서 빼앗을 수 없느니라(요한복음 10장28-29절).

우리가 하나님의 사랑에 굴복할 때 우리는 그분의 손에서 보호를 받습니다. 우리가 어떤 상황에 직면하더라도 우리는 변함없는 말씀의 사랑 안에서 안전하다는 것을 확신할 수 있습니다.

2. 예수님은 내가 너희를 사랑한 것처럼 너희도 서로 사랑해야 한다.

이 사랑은 또한 우리를 사랑하라고 부릅니다. 요한복음 13장 34절에서 예수님은 우리에게 서로 사랑하라. 내가 너희를 사랑한 것처럼 너희도 서로 사랑해야 한다(요한복음 13장 34절)

우리가 하나님께 받은 사랑은 우리 자신만을 위한 것이 아닙니다.

공유하는 것입니다. 우리가 말씀의 사랑에 감동받은 것처럼 우리는 다른 사람들을 위한 그 사랑의 통로가 되도록 부르심을 받았습니다. 예수님께서 사랑하신 것처럼 사랑한다는 것은 인내하고 동정심을 갖고 다른 사람들을 위해 기꺼이 자신을 희생하는 것을 의미합니다. 말씀 안에 있는 하나님의 사랑은 우리에게 희망을 줍니다.

예레미아애가3장22-23절에는 다음과 같은 말씀이 있습니다.

우리가 진멸되지 아니하는 것은 여호와의 크신 사랑 때문이니 그의 자비가 무궁함이로다 매일 아침 새로워집니다. 주의 신실하심이 크도다(예레미아애가3장22-23절).

어려움 속에서도 하나님의 사랑은 우리를 지탱하고 새롭게 하십니다. 그분은 인생의 폭풍 속에서도 우리를 굳게 지켜주는 닻이십니다.

3. 예수님은 우리는 하나님의 피조물이라 그리스도 예수 안에서 선한 일을 위하여 지으심을 받은 자니

이 사랑은 또한 우리에게 목적을 부여합니다. 에베소서 2장 10절에서 바울은 이렇게 썼습니다.

우리는 하나님의 피조물이라 그리스도 예수 안에서 선한 일을 위하여 지으심을 받은 자니, 이 일은 하나님이 전에 예비하사 우리로 그 가운데서 행하게 하려 하심이니라(에베소서 2장 10절).

우리는 사랑으로 창조되고 구속되었으며, 이제 우리를 사랑하신 분께 영광을 돌리는 삶을 살도록 부르심을 받았습니다.

4. 예수님의 하나님 사랑은 우리 믿음의 기초입니다.

모든 행동, 모든 선택은 우리가 하나님으로부터 받는 이 사랑의 표현이 될 수 있습니다. 말씀에 나타난 하나님의 사랑은 우리 믿음의 기초입니다.

그분은 우리가 혼자가 아니며 사랑을 받고 있으며 영원한 목적이 있다는 사실을 상기시켜 주십니다. 이런 사랑을 경험해 본 적이 있나요? 우리가 어디에 있든 무엇을 했든 지금은 사용할 때 입니다.

5. 우리의 삶을 변화시키고 다른 사람들과 나누도록 합니다.

하나님의 사랑의 표현인 말씀이 오늘도 우리에게 다가가고 있습니다. 이 사랑을 받아들이고 그것이 우리의 삶을 변화시키고 다른 사람들과 나누도록 하여야 합니다.

말씀이신 예수 그리스도의 메시지는 단지 신학적인 것이 아닙니다. 그는 매우 실용적입니다. 요한복음 14장 6절에서 그분은 이렇게 선언하십니다.

내가 곧 길이요, 진리요 생명이니, 나로 말미암지 않고는 아버지께로 올 자가 없느니라(요한복음 14장 6절).

이 말씀은 우리의 삶을 그분과 일치시키도록 권유합니다.

11과 예수님은 내가 곧 길이요, 진리요 생명이니

내가 곧 길이요, 진리요 생명이니, 나로 말미암지 않고는 아버지께로 올 자가 없느니라(요한복음 14장 6절).

그러나 이것이 우리의 일상생활에 어떻게 적용됩니까? 우선 우리는 의견이나 상황이 아니라 예수님 안에서 진리를 찾아야 한다는 뜻입니다. 그분은 혼란과 혼란으로 가득한 세상에서도 우리의 선택을 인도하는 나침반이십니다.

말씀 메시지의 핵심적이고 실제적인 적용은 하나님과의 관계로의 부르심입니다. 예수님은 우리에게 규칙이나 교리를 주시기 위해 오신 것이 아니라 우리를 아버지께 다시 연결시키기 위해 오셨습니다.

1. 예수님은 우리에게 마음을 다하고 목숨을 다하고 뜻을 다하여 하나님을 사랑하라

마태복음 22장 37절에서 그분은 우리에게 마음을 다하고 목숨을 다하고 뜻을 다하여 하나님을 사랑하라고 부르십니다. 이는 기도, 말씀, 묵상, 하나님과의 좋은 시간을 우선시하는 것을 의미합니다.

우리가 하나님을 최우선으로 생각하면 우리의 결정과 관점이 변화

됩니다. 말씀의 메시지는 또한 우리에게 목적을 가지고 살라고 요구합니다.

요한복음 15장 16절에서 예수님은 너희가 나를 택한 것이 아니오. 내가 너희를 택한 것은 가서 열매를 맺되 영구한 열매를 맺게 하려 함이라고 말씀하셨습니다.

우리 각자는 세상을 변화시키도록 부름을 받았습니다. 이는 일상적인 상호작용에서 친절을 보여주는 것처럼 간단할 수도 있고, 지역 사회를 변화시키는 선도적인 이니셔티브만큼 영향력이 있을 수도 있습니다. 중요한 것은 우리가 하는 모든 일에서 하나님께 영광을 돌리기 위해 창조되었음을 알고 의도적으로 사는 것입니다. 또 다른 실용적인 적용은 내부 변형을 찾는 것입니다.

2. 예수님은 너희는 이 세대를 본받지 말고 오직 마음을 새롭게 함으로 변화를 받으라.

로마서 12장 2절에서 바울은 우리에게 이렇게 권고합니다.

너희는 이 세대를 본받지 말고 오직 마음을 새롭게 함으로 변화를 받으라. 로마서 12장 2절 말씀의 메시지는 우리에게 다르게 생각하고 그리스도를 반영하지 않는 생각과 행동을 벌이도록 초대합니다. 여기에는 두려움, 죄책감, 비통함을 버리고 그분이 주시는 사랑과 은혜, 신뢰를 받아들이는 것이 포함됩니다.

3. 예수님은 우리에게 세상에서 빛이 되라고 가르칩니다.

말씀은 또한 우리에게 세상에서 빛이 되라고 가르칩니다. 마태복음 5장 16절에서 예수께서는 우리에게 이렇게 지시하십니다.

이같이 너의 빛이 사람 앞에 비치게 하여 그들로 너의 착한 행실을 보고 하늘에 계신 너희 아버지께 영광을 돌리게 하라(마태복음 5장 16절).

이는 우리의 행동이 그리스도의 성품을 반영해야 함을 의미합니다. 직장에서든 집에서든, 지역사회에서든 우리는 하느님의 사랑과 인내와 연민에 살아 있는 모범이 되도록 부르심을 받았습니다.

말씀의 메시지는 또한 우리에게 연합하여 살도록 요구합니다. 요한복음 17장 21절에서 예수께서는 이렇게 기도하십니다. 아버지여 아버지께서 내 안에 내가 아버지 안에 있는 것 같이 그들도 다 하나가 되게 하옵소서. 이는 건강한 관계를 구축하고 차이점을 조정하는 것을 의미합니다.

우리는 벽이 아닌 다리를 놓고 가정과 교회, 지역 사회에서 평화를 추구하라는 부르심을 받았습니다. 일치는 세상에 대한 하나님의 사랑에 대한 강력한 증거입니다. 또 다른 실제 적용은 모든 상황에서 하나님을 신뢰하는 것입니다.

4. 예수님은 우리에게 너희는 먼저 그의 나라와 그의 의를 구하라

마태복음 6장 33절에서 예수님은 우리에게 너희는 먼저 그의 나라와 그의 의를 구하라, 그리하면 이 모든 것을 너희에게 더하시리라고 말씀하십니다. 이는 불확실한 시기에도 우리가 하나님의 공급하심과 돌보심 안에서 안식할 수 있다는 것을 의미합니다.

말씀을 신뢰하면 그분이 모든 것을 주관하신다는 사실을 알면서 우리는 불안 없이 살 수 있습니다.

5. 예수님은 우리에게 너희는 먼저 그의 나라와 그의 의를 구하라.

말씀의 메시지는 또한 우리에게 복음을 전하라고 요구합니다.

마태복음 28장 19절에서 예수님은 우리에게 그러므로 너희는 가서 모든 족속으로 제자를 삼으라는 지상 명령을 주셨습니다.

6. 예수님은 우리에게 복음을 전하라고 요구합니다.

이것은 선교사나 목사들에게만 해당되는 것이 아니라 그리스도를 따르는 모든 사람에게 해당됩니다. 말씀의 메시지를 나누는 것은 일상적인 대화에서 행동을 통해 심지어 우리 삶의 방식에서도 일어날 수 있습니다. 모든 몸짓은 그리스도를 세상에 반영할 수 있는 기회입니다. 말씀의 메시지는 우리에게 용서하라고 권유합니다.

마태복음 6장 14-15절에서 예수님은 우리가 용서받기 위해서는 용서해야 한다고 가르치십니다. 이것은 그리스도인의 삶에서 가장 큰 도전 중 하나일 수 있지만, 우리 안에 있는 하나님의 사랑의 가장 큰 표현 중 하나이기도 합니다.

용서는 자유롭게 하고 치유하고 회복시킵니다. 우리가 용서할 때 우리는 십자가 위에서 아버지 저들을 사하여 주옵소서 자기들이 하는 것을 알지 못함이니이다.

7. 예수님은 우리에게 희망을 갖고 살도록 초대합니다.

누가복음에 기도하신 예수님의 모범을 따르는 것입니다. 마지막으로 말씀의 메시지는 우리에게 희망을 갖고 살도록 초대합니다.

요한복음 16장 33절에서 예수께서는 내가 이것을 너희에게 이르는 것은 너희가 내 안에서 평안을 누리게 하려 함이라 이 세상에서 우리는 고난을 겪을 것입니다. 하지만 용기를 내세요. 나는 세상을 이기었습니다. 인생은 어려울 수 있지만 말씀은 이미 승리가 이루어졌음을 상기시켜줍니다.

우리가 이 희망을 갖고 생활할 때 우리는 어려움에 직면할 힘을 찾을 뿐만 아니라 다른 사람들도 그리스도 안에서 동일한 평화를 찾도록 영감을 줍니다.

8. 예수님, 하나님은 한 분이시오 또 하나님과 사람 사이에 중보도 한 분이시니.

하나님은 한 분이시오 또 하나님과 사람 사이에 중보도 한 분이시니, 곧 사람이신 그리스도 예수라. 이 말씀은 기독교 신앙의 가장 심오한 진리 중 하나를 우리에게 드러냅니다.

말씀이신 예수님은 우리를 하나님과 화해시키는 연결고리이십니다. 그분 이전에 인류는 죄로 인해 창조주로부터 분리되었습니다. 그러나 예수님은 육신이 되어 십자가를 지심으로 하늘과 땅 사이에 다리를 놓으셨습니다. 그는 단순한 중개인이 아닙니다. 그분은 우리가 아버지께 다가갈 수 있는 유일한 길입니다.

예수님 그분은 완전한 하나님이시며 완전한 사람이시기 때문입니다

우리에게 있는 대제사장은 우리의 연약함을 동정하지 못하시는 이가 아니오 오직 우리와 같이 모든 시험을 겪으신 이이시되 죄는 없으시니라(히브리서 4장 15절).

중보자로서 예수님의 역할은 독특합니다. 왜냐하면 그분은 완전한 하나님이시며 완전한 사람이시기 때문입니다. 히브리서 4장 15절에는 다음과 같은 말씀이 있습니다.

우리에게 있는 대제사장은 우리의 연약함을 동정하지 못하시는 이가 아니오 오직 우리와 같이 모든 시험을 겪으신 이이시되 죄는 없으시니라. 예수님은 우리의 어려움을 이해하시며 동시에 하나님과 완벽하게 교통하십니다.

1. 중보자로서의 말씀은 우리가 하나님께 직접 나아갈 수 있게 해줍니다.

그분은 신성한 거룩함과 인간의 한계를 아시기 때문에 완전한 중보자이십니다. 중보자로서의 말씀은 우리가 하나님께 직접 나아갈 수 있게 해줍니다.

요한복음 14장 6절에서 예수께서는 이렇게 선언하십니다.

2. 예수님은 나로 말미암지 않고는 아버지께로 올 자가 없느니라.

나는 길이요, 진리요 생명이다. 나로 말미암지 않고는 아버지께로 올 자가 없느니라(요한복음 14장 6절).

이는 우리를 하나님께 더 가까이 데려가기 위해 더 이상 인간 중계자나 복잡한 의식이 필요하지 않다는 것을 의미합니다. 예수님을 통해 우리는 그분이 우리를 위해 중보하신다는 것을 알고 확신을 가지고 기도할 수 있습니다. 이 진리는 위안과 영적 자유의 원천입니다. 중보자이신 예수님은 우리의 변호자이십니다.

요한일서 2장 1절에는 만일 누가 죄를 범하면 아버지 앞에서 우리에게 중재자가 있으니 곧 의로우신 예수 그리스도시니라.

라고 기록되어 있습니다. 그분은 우리를 하나님과 화목하게 하실 뿐만 아니라 우리를 대신하여 간구하십니다. 우리가 회개하고 그분께로 향할 때 우리는 우리의 공로가 아니라 그분의 희생을 통해 용서를 받습니다. 우리에게 아버지 앞에서 대언자가 있다는 것을 아는 것은 우리의 실패와 어려움 속에서도 평안을 줍니다.

3. 예수님의 중재는 우리에게 영원한 대제사장이 있다는 뜻이기도 합니다.

히브리서 7장24-25절에는 다음과 같은 내용이 있습니다.

예수님께서는 영원히 계심으로 연구한 제사장 직분도 가지시느니라. 그러므로 자기를 힘입어 하나님께 나아가는 자들을 반드시 구원하실 수 있으니, 그가 항상 살아계셔서 그들을 위하여 간구하심이니라(히브리서7장24-25절).

그분은 우리를 위해 끊임없이 중재하시며 그분의 중재 사역은 지속적이고 효과적입니다. 이는 우리가 하나님 앞에서 결코 혼자가 아니라는 확신을 줍니다.

말씀의 중재 역할은 또한 우리가 하나님과 관계를 맺는 방식을 변화시킵니다.

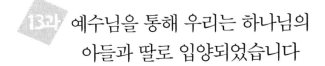

예수님을 통해 우리는 하나님의 아들과 딸로 입양되었습니다

너희는 너희를 종시켜 다시 두려워하게 하는 영을 받지 아니하였고, 오직 양자로 삼는 영을 받았으므로 우리가 아바 아버지라 부르짖느니라(로마서 8장15절)

로마서 8장 15절에서 바울은 이렇게 기록합니다. 너희는 너희를 종시켜 다시 두려워하게 하는 영을 받지 아니하였고, 오직 양자로 삼는 영을 받았으므로 우리가 아바 아버지라 부르짖느니라.

예수님을 통해 우리는 화해했을 뿐만 아니라 우리는 하나님의 아들과 딸로 입양되었습니다. 우리는 사랑받고 받아들여진다는 것을 알기 때문에 확신을 가지고 그분께 다가갈 수 있습니다. 중계자로서 예수님은 또한 우리가 관계에서 중계자가 되도록 초대하십니다.

1. 그리스도를 통하여 우리를 자기와 화목하게 하시고 우리에게 화해의 직분을 주신 하나님께로서 낳느니라.

고린도후서 5장18-19절에서는 다음과 같은 내용을 읽게 됩니다.
이 모든 것은 그리스도를 통하여 우리를 자기와 화목하게 하시고 우리에게 화해의 직분을 주신 하나님께로서 낳느니라(고린도후서 5장18-19절)

우리가 하나님과 화해한 것처럼 우리도 사람들 사이에 화해를 촉진하도록 부르심을 받았습니다. 용서, 대화, 평화 추구 등을 통해 우리는 중재자로서 예수님의 역할을 반영할 수 있습니다. 중보자로서의 말씀은 또한 우리가 그분께 의존하고 있음을 상기시켜줍니다.

2. 예수님은 포도 나무요, 우리는 가지 입니다.

요한복음 15장 5절에서 예수님은 이렇게 말씀하십니다.

나는 포도나무요, 당신은 가지입니다. 누구든지 내 안에, 내가 그 안에 거하면 사람은 열매를 많이 맺느니라 나 없이는 당신이 아무것도 할 수 없기 때문입니다(요한복음 15장 5절).

예수님이 없다면 우리는 하나님께 더 가까이 다가갈 수 없고, 우리를 향한 그분의 목적을 성취할 수도 없습니다. 그분의 중재는 우리를 지탱해 주고 아버지께 영광을 돌리는 삶을 살 수 있게 해줍니다. 예수님의 중재는 겸손으로의 초대이기도 합니다.

빌립보서 2장 8절에서 우리는 그분이 자신을 낮추시고 죽기까지 복종하셨으니 곧 십자가에 죽으심이라고 말합니다(빌립보서 2장 8절).

중재자로서 그분의 역할은 우리의 이익을 그분의 이익보다 우선시하는 완전한 항복 행위였습니다. 그리스도를 따르는 사람들로서 우리는 우리 관계에서 이러한 겸손을 반영하고 다른 사람을 우리 자신보다 앞세우고 항상 하나님의 뜻을 구하도록 부르심을 받았습니다. 중보자로서의 말씀은 우리에게 희망을 줍니다.

3. 예수님은 우리를 위하여 휘장 가운데로 열어놓으신 새롭고 산 길이오.

히브리서 10장 19-22절에 보면 그러므로 형제들아 우리가 예수의 피를 힘입어 지성소에 들어갈 담력을 얻었나니 그 길은 우리를 위하여 휘장 가운데로 열어놓으신 새롭고 산 길이오(히브리서 10장 19-22).

휘장은 곧 그의 길이니라. 몸 그분을 통해 우리는 두려움이 아니라 기쁨과 확신을 가지고 하나님의 임재에 직접 나아갈 수 있습니다. 그분께서는 우리를 영원한 생명으로 아버지와의 친교로, 그리고 우리가 사랑받고 받아들여진다는 확신으로 인도하시는 중계자이십니다.

4. 예수님은 생명이 그분으로부터 나온다는 것을 의미합니다.

그 안에 생명의 근원이신 말씀에 생명이 있었으니 이 생명은 사람들의 빛이라. 요한복음 1장3-4절에 말씀이신 예수님은 창조주이실 뿐 아니라 생명의 근원이십니다.

이는 육체적, 영적, 영원한 모든 형태의 생명이 그분으로부터 나온다는 것을 의미합니다. 이것을 묵상할 때 우리는 우리의 존재가 전적으로 그분께 달려 있음을 깨닫게 됩니다.

그분은 우리에게 생명을 주셨을 뿐만 아니라 생명의 매 순간을 유지하십니다. 그분 없이는 우리가 충만하게 살 수 없습니다. 왜냐하면 우리가 목적과 의미를 찾는 곳은 그분의 임재이기 때문입니다. 말씀이 제공하는 생명은 물질계에만 국한되지 않습니다.

요한복음 10장 10절에서 예수께서는 내가 온 것은 양으로 생명을 얻게 하고 더 풍성히 얻게 하려 함이라고 말씀하십니다.

이 충만한 삶은 단지 세상의 상황과 관련이 있는 것이 아니라 그분과의 깊은 영적 연결과도 관련이 있습니다. 우리는 종종 일시적인 일에서 만족을 구하지만, 우리가 참된 성취를 찾는 곳은 바로 예수님입니다.

5. 예수님은 또한 영생의 근원이십니다.

그분은 외부적인 상황에 관계없이 우리에게 평화와 기쁨과 목적이 있는 풍성한 삶을 주십니다. 예수님은 또한 영생의 근원이십니다. 요한복음 3장 36절에는 다음과 같은 내용이 있습니다.

아들을 믿는 사람은 영생을 얻었습니다. 아들을 저버리는 자는 생명을 보지 못하고 도리어 하나님의 진노가 그 위에 머물러 있느니라(요한복음 3장 36절). 그분이 주시는 삶은 육체적 죽음으로 끝나지 않습니다.

그분은 부활을 통해 죽음을 이기시고 하나님과 함께 영혼에 이르는 길을 열어주셨습니다. 이 약속은 우리에게 희망을 주며 이곳에서의 우리의 여정은 훨씬 더 큰 일의 시작일 뿐임을 상기시켜 줍니다.

말씀이 우리에게 주는 삶은 우리의 관점도 변화시킵니다.

고린도후서 5장 17절에 누구든지 그리스도 안에 있으면 새로운 피조물이라 이전 것들은 지나갔습니다.

보라 새 것이 왔도다. 우리가 예수님을 만날 때 그분은 우리에게 새 생명을 주시고 과거의 무거운 짐에서 우리를 해방시켜 주시고 그분의 뜻에 따라 살 수 있는 능력을 주십니다. 이러한 변화는 그분의 능력과 그분의 임재가 우리에게 미치는 영향에 대한 간증입니다. 생명의 근원이신 예수님은 우리가 약할 때에도 힘을 주십니다.

14과 예수님은 내게 능력 주시는 자 안에서 내가 모든 것을 할 수 있느니라

내게 능력 주시는 자 안에서 내가 모든 것을 할 수 있느니라(빌립보서 4장 13절).

빌립보서 4장 13절에서 바울은 내게 능력 주시는 자 안에서 내가 모든 것을 할 수 있느니라고 선언합니다. 이는 우리가 어려움에 직면하지 않을 것이라는 의미가 아니라 그분과 함께 우리가 어려움을 극복할 수 있다는 의미입니다.

우리 안에 계신 그분의 생명은 우리가 시련을 견디고 폭풍을 이겨내고 그분이 모든 단계에서 우리와 함께하신다는 것을 알면서 굳건히 설 수 있게 해줍니다. 말씀이 주는 생명은 또한 우리를 죄에서 해방시킵니다.

예수님은 죽음과 부활을 통해 우리에게 죄의 종노릇에서 벗어난 새로운 삶을 제공하십니다

죄의 삯은 사망이요, 하나님의 은사는 그리스도 예수, 우리 주 안에 있는 영생이니라(로마서 6장 23절에서).

로마서 6장 23절에서 "바울은 죄의 삯은 사망이요, 하나님의 은사는 그리스도 예수, 우리 주 안에 있는 영생이니라"라고 썼습니다. 예수님은 죽음과 부활을 통해 우리에게 죄의 종노릇에서 벗어난 새로운 삶을 제공하십니다. 우리가 이 생명을 받아들일 때 우리는 자유와 하나님께 순종하며 살 수 있도록 변화되고 능력을 받습니다.

생명의 근원이신 말씀은 우리에게 매 순간을 소중하게 여기도록 가르쳐 줍니다. 야고보서 4장14절에서는 이렇게 말합니다. 내일 무슨 일이 일어날지 여러분은 알지도 못합니다.

당신의 인생은 무엇입니까? 당신은 잠시 나타났다가 사라지는 안개와 같습니다(야고보서 4장14절).

우리의 삶이 예수님의 손에 달려 있다는 것을 알면 우리는 목적을 가지고 살아가며 그분을 영화롭게 하고 다른 사람들에게 영향을 미칠 수 있는 모든 기회를 포착해야 합니다. 말씀이 우리에게 주는 삶은 또한 우리를 친교로 부르십니다.

1. 예수님은 누구든지 내 안에 내가 그 안에 거하면 사람은 열매를 많이 맺느니라

요한복음 15장 5절에서 예수님은 이렇게 말씀하십니다.

나는 포도나무요, 우리는 가지입니다. 누구든지 내 안에 내가 그 안에 거하면 사람은 열매를 많이 맺느니라(요한복음 15장 5절). 나 없이는 우리는 아무것도 할 수 없기 때문입니다.

그분 안에 거한다는 것은 그분과의 친밀하고 지속적인 관계를 추구하는 것을 의미하며, 이는 우리에게 영양을 공급하고 열매 맺고 목적 있는 삶을 살 수 있도록 힘을 줍니다. 생명의 근원이신 말씀은 또한 이 생명을 다른 사람들과 나누라고 우리를 부르십니다.

2. 예수님은 우리에게 말씀이 주는 생명은 귀중한 선물입니다.

마태복음 28장 19절에서 예수님은 우리에게 제자를 삼고 그분의 구원의 메시지를 세상에 전하라는 사명을 주셨습니다. 그분이 제공하는 생명을 경험할 때 우리는 다른 사람들도 그분을 알고 그분의 충만함 안에서 살 수 있도록 이 좋은 소식을 전하고 싶은 마음을 갖게 됩니다.

말씀이 주는 생명은 귀중한 선물입니다. 요한복음 14장6절에서 예수께서는 나는 길이요, 진리요 생명입니다라고 말씀하십니다(요한복음 14장6절).

그분은 단지 생명의 근원이 아니십니다. 그는 생명 그 자체입니다. 우리가 그분께 굴복할 때 우리는 존재 이상의 것을 얻게 됩니다.

우리는 영원한 목적, 하나님과의 친밀한 교통, 흔들리지 않는 소망을 받습니다. 우리가 예수님을 모든 생명의 근원으로 인식하고 그분을 향한 감사와 항복과 신뢰로 매일 살아가기를 바랍니다.

3. 예수님은 인류를 하나님과 화해시키려는 목적을 드러냅니다.

말씀이 육신이 되어 우리 가운데 거하심에 요한복음 1장 14절 이 말씀은 예수님이 오신 주요 목적, 즉 인류를 하나님과 화해시키려는 목적을 드러냅니다.

에덴 이후로 죄는 인간을 창조주로부터 분리시켰으나 말씀은 이 깨어진 관계를 회복시키기 위해 오셨습니다. 예수님께서는 당신의 성육신을 통해 불가능해 보이는 일, 즉 하나님과 인간 사이의 직접적인 친교를 가능하게 하셨습니다. 그분은 신성과 인간을 연결하여 우리를 아버지의 마음으로 다시 데려가는 다리이십니다.

하나님과의 화해는 십자가에서 시작됩니다. 골로새서 1장 20절에는 다음과 같은 말씀이 있습니다.

그의 십자가의 피로 화평을 이루사 만물 곧 땅에 있는 것들이나 하늘에 있는 것들이 그로 말미암아 자기와 화목하게 되기를 원하노라(골로새서 1장 20절).

예수님의 희생은 단순한 사랑의 행위가 아니라 하나님과의 평화를 이루는 기초였습니다. 십자가는 하나님의 공의와 은혜가 만나는 곳이며, 용서와 구속의 길을 여는 곳입니다. 이 화해는 하나님이 주신 선물이다.

4. 예수님은 우리를 자기와 화목하게 하시고 우리에게 화목하게 하는 직분을 주셨으니.

고린도후서 5장18-19절에서 바울은 이렇게 썼습니다.

이 모든 것이 하나님께로써 났으니 그가 그리스도로 말미암아 우리를 자기와 화목하게 하시고 우리에게 화목하게 하는 직분을 주셨으니 곧 하나님은 그리스도 안에 계시사 세상을 자기와 화목하게 하시며 사람의 죄를 개수하지 아니하시니라. 고린도후서 5장18-19절 이는 하나님께서 주도적으로 관계를 회복하셨다는 뜻입니다.

그분은 우리가 합당해질 때까지 기다리지 않으셨습니다. 그분은 우리에게 오셔서 예수님을 통해 화해를 제안하셨습니다. 화해자로서의 말씀은 그분이 극복하지 못할 장벽이 없다는 것을 우리에게 상기시켜 줍니다.

5. 예수님은 그분은 우리에게 오셔서 그리스도를 통해 화해를 제안하셨습니다.

에베소서 2장 14절에 그는 우리의 화평이신지라 둘로 하나를 만드사 막힌 담을 허시고. 라고 기록되어 있습니다.

예수님을 통해 우리는 하나님과 화목할 뿐만 아니라 다른 사람들과도 화목하게 되었습니다. 그분께서는 증오와 편견, 분열의 장벽을 허물고, 사랑과 친교의 새로운 현실로 우리를 이끄시며 일치 안에서 살라고 우리를 부르십니다.

6. 예수님은 하나님과의 화해는 우리의 삶을 변화시킵니다.

하나님과의 화해는 우리의 삶을 변화시킵니다. 로마서 5장 10절에서 바울은 이렇게 선언합니다.

우리가 하나님의 원수 되었을 때에 그의 아들의 죽음으로 말미암아 하나님과 화목하게 되었음, 로마서 5장 10절 즉 이제 화목하게 된 우리가 어찌 그의 생명으로 구원을 얻을 수 있겠습니까?

이 화해는 우리를 죄와 죄책감의 무게에서 해방시켜 기쁨과 자유, 목적을 가지고 살 수 있게 해줍니다.

7. 예수님은 우리가 하나님께 직접 나아갈 수 있게 해줍니다.

이는 예수님만이 주실 수 있는 삶의 충만함을 경험하라는 초대입니다. 화해는 우리가 하나님께 직접 나아갈 수 있게 해줍니다.

히브리서 10장 19-22절에 보면 그러므로 형제들아 우리가 예수의 피를 힘입어 지성소에 들어갈 담력을 얻었나니 그 길은 우리를 위하여 휘장 가운데로 열어놓으신 새롭고 산 길이오.

휘장은 곧 그의 길이니라. 몸. 예수님을 통해 우리는 더 이상 중계자나 복잡한 의식이 필요하지 않습니다. 우리는 우리가 받아들여지고 사랑받고 있음을 알기 때문에 확신을 가지고 하나님께 나아갈 수 있습니다.

8. 예수님은 또한 우리를 화해의 대리인으로 부르십니다.

화해자로서 예수님은 또한 우리를 화해의 대리인으로 부르십니다. 마태복음 5장 9절에서 주님은 화평케 하는 자는 복이 있나니 저희가 하나님의 자녀라 일컬음을 받을 것이오라고 선언하십니다.

우리가 하나님과 화해한 것처럼 우리도 서로 화해하도록 부르심을 받았습니다. 이는 용서하고 평화를 추구하며 관계의 조화를 촉진하는 것을 의미합니다.

16과 예수님은 우리를 예배의 삶으로 부릅니다.

오직 너희는 택하신 족속이요, 왕 같은 제사장들이요, 거룩한 나라요, 그의 소유가 된 백성이니, 이는 너희를 어두운 데서 불러내어 그의 기이한 빛에 들어가게 하신 이의 아름다운 덕을 선포하게 하려 하심이라(베드로전서 2장 9절).

우리가 화평케 하는 자로서 살아갈 때 우리는 예수님의 성품을 세상에 반영하게 됩니다. 화해는 또한 우리를 예배의 삶으로 부릅니다.

베드로전서 2장 9절에 오직 너희는 택하신 족속이요, 왕 같은 제사장들이요, 거룩한 나라요, 그의 소유가 된 백성이니, 이는 너희를 어두운 데서 불러내어 그의 기이한 빛에 들어가게 하신 이의 아름다운 덕을 선포하게 하려 하심이라고 했습니다.

1. 예수님에 예배 행위는 예수님을 통해 우리가 받은 화해를 기념하는 것입니다.

하나님 곧 우리 주 예수 그리스도의 아버지를 찬송하리로다. 그 크신 긍휼대로 예수 그리스도의 죽은 자 가운데서 부활하심으로 말미암아 우리를 거듭나게 하사 산 소망이 있게 하시며 영원히 썩지 아니(베드로전서 1장34절).

우리는 하나님과 화목하여 그분을 경배하고 그분의 선하심을 선포하며 그분의 이름을 영화롭게 하는 삶을 살게 되었습니다. 모든 예배 행위는 예수님을 통해 우리가 받은 화해를 기념하는 것입니다.

하나님과의 화해는 또한 우리에게 흔들리지 않는 희망을 줍니다. 베드로전서 1장 34절에서는 다음과 같이 읽습니다. 하나님 곧 우리 주 예수 그리스도의 아버지를 찬송하리로다. 그 크신 긍휼대로 예수 그리스도의 죽은 자 가운데서 부활하심으로 말미암아 우리를 거듭나게 하사 산 소망이 있게 하시며 영원히 썩지 아니하고.

오직 너희는 택하신 족속이요, 왕 같은 제사장들이요, 거룩한 나라요, 그의 소유가 된 백성이니, 이는 너희를 어두운 데서 불러내어 그의 기이한 빛에 들어가게 하신 이의 아름다운 덕을 선포하게 하려 하심이라(베드로전서 2장 9절). - 아멘 -

2부

예수님은 태초에 하나님과 함께 계셨다

1과 예수님은 태초에 하나님과 함께 계셨다

예수님은 태초에 하나님과 함께 계셨고 만물이 그로 말미암아 지은 바 되었으니 지은 것이 없이 하나도 그가 없이는 된 것이 없느니라(요한복음 1장 2절).

예수님은 창세전에 내가 하나님 아버지와 함께 가졌던 영화로써 지금도 아버지와 함께 나를 영화롭게 하옵소서(요한복음 17장 5절).

1. 예수님 이 땅에 오시기 전에 어떤 분이셨는가?

예수님 이 땅에 오시기 전에 어떤 분이셨는지 생각해 본 적이 있습니까? 베들레헴의 그 기적 같은 밤 전에 그는 무엇을 했고 그의 이름은 무엇이며 그의 본질은 무엇이었습니까? 예수님의 이야기는 구유에서 시작되지 않습니다. 그것은 영혼과 얽혀 있으며 시간과 공간을 초월하는 신성한 정체성을 드러냅니다.

성경은 태초부터 존재했던 말씀 바리세인들의 이해를 거부한 스스로 있는 자 이스라엘 역사의 결정적인 순간에 나타난 신성한 사자 등 흥미로운 모습을 보여줍니다. 그러나 이것이 실제로 의미하는 바는 무엇입니까?

예수는 성육신 하시기 전에 어떤 역할을 하셨으며 이것은 하나님의 구속 계획과 어떤 관련이 있는가 이 질문들을 더 깊이 파고들수록 우리는 예수의 이야기가 그분의 지상생애를 넘어선다는 것을 발견하게 됩니다.

창조 안에서의 그분의 현존 중재자로서의 그분의 역할 그리고 구약성경에서의 그분의 발현은 그분이 항상 존재해 오신 것 태초부터 현존하시며 인류 역사에 적극적으로 관여하시는 영원한 구세주의심을 묘사합니다. 이 시대를 초월한 여행을 탐험하고 베들레헴 이전에 예수가 누구였는지에 대한 숨겨진 진실을 발견할 준비가 되셨으니까 이 특별한 이야기에 놀라고 새로워지도록 하십시오.

2. 예수님은 성부 성자 성령과 완전한 친교를 이루며 존재하시는 하나님이십니다.

태초에 시간을 세기 전 인류가 첫 숨을 내쉬기 전 오직 하나님만이 계셨다 멀리 계시거나 고립된 하나님이 아니라 성부 성자 성령과 완전한 친교를 이루며 존재하시는 하나님이십니다. 그것은 시작도 끝도 없는 현실이었고 말씀은 이미 존재했다. 그러나 베들레헴 이전에 그분은 누구이셨습니까?

구유의 누인 아기가 되기 전에 여러분은 무엇을 했는가 성경은 우리에게 만물이 그로 말미암아 지은 바 된 것이 없이 지은 것이 없으니라. 요한복음 1장 3절라고 말합니다. 만물이 그로 말미암아 지은 바 된 것이 없이 지은 것이 없으니라(요한복음 1장 3절).

3. 예수님께서 인간의 몸을 입으시기 전에 창조의 주체였다.

이 말은 예수께서 인간의 몸을 입으시기 전에 창조의 주체였다는 것을 의미합니다. 은하계가 무한으로 던져질 때 산이 솟아오르고 바다가 지구를 가로질러 펼쳐질 때 그분은 그곳에 계셨습니다.

그분은 자신의 손으로 첫 번째 사람을 빚으셨고 그의 콧구멍에 생명을 불어넣으셨습니다. 그분 없이는 아무것도 존재하지 않았습니다. 모든 것이 그의 의지에 의해 빚어졌다. 그러나 이야기는 창조로 끝나지 않습니다. 여러 세기에 걸쳐 이 동일한 말씀이 지상에 반복적으로 나타나 있었습니다.

멀리 있는 유령이 아니라 살아있고 활동적인 존재로 구약성경의 기록에는 결정적인 순간에 신비한 인물들이 등장하는데 그는 하나님처럼 말하고 예배를 받아들이며 신성한 권위로 백성을 인도하는 천사입니다. 모세는 불타는 떨기나무 앞에 서서 나는 스스로 있는 자이니라. 출애굽기 3장 14절 라고 선언하는 음성을 들었습니다.

나는 스스로 있는 자이니라(출애굽기 3장14절).

예수님은 아브라함이 나기 전부터 내가 있었느니라(요한복음 8장 58절).

여러 해가 지난 후 예수께서는 사람들 사이를 거닐면서 아브라함이 나기 전부터 내가 있었느니라(요한복음 8장 58절) 라는 말씀을 반복하셨습니다.

그것은 우연이 아니었다 그것은 계시였습니다. 말씀은 영혼 속에만 머물러 있지 않으시고 역사 속에 개입하셨습니다. 아브라함을 미지의 세계로 인도하신 분 새벽까지 야곱과 씨름하신 분 모세를 불 가운데서 불러내신 분 느부가네 살에 불타는 풀무불에서 네 번째 사람으로 나타나신 분도 그분이셨습니다. 그분은 그분의 백성을 결코 버리지 않으신 신성한 임재이셨습니다. 그런데 왜 그런 일이 생겨났을까요?

4. 예수님은 태초부터 인류는 구원을 갈망했다.

그가 성육신하기 전에 이런 나타남의 목적은 무엇이었느냐 태초부터 인류는 구원을 갈망했다. 죄는 피조물에 침투하여 하나님을 그분의 걸작품으로부터 분리시켰습니다. 그리고 비록 희생 제물이 들여지고 율법이 제정되었지만 이러한 것들 중 어느 것도 근본적인 문제 즉 하나님과 인간 사이의 영적 분리를 해결할 수 없었습니다. 말씀은 이것을 알고 계셨습니다. 그분은 오직 완전한 희생만이 잃어버린 것을 회복할 수 있다는 것을 아셨습니다. 그래서 창조의 시작부터 그분은 앞으로 올 일을 가리키는 방식으로 자신을 개시하셨습니다. 그러나 그분이 마침내 육신으로 오셨을 때 사람들이 그분을 알아보지 못하는 것이 어떻게 가능했을까요? 경전을 공부한 사람들이 어찌 그들이 기다리고 있던 메시아가 바로 그들 앞에 있다는 것을 깨닫지 못할 수 있겠는가 그 대답은 어쩌면 보이는 것보다 더 간단할지도 모릅니다. 그들은 왕을 기대했지만, 그분은 종으로 오셨습니다.

5. 예수님 그분은 영적인 권한을 가져다주셨습니다.

그들은 군사적 권자를 갈망했지만, 그분은 영적인 권을 가져다주셨습니다. 그분은 영광과 권력을 원하셨지만, 겸손과 은혜를 주셨습니다. 그러나 그분은 모세와 대화하고 아브라함과 동행하고 사자굴에서 다니엘을 보호했던 바로 그분이셨습니다. 예수의 이야기가 베들레헴에서 시작되지 않는다면 그분이 이 땅에 오시기 전에 어떤 목적이 있었습니까? 그분은 언제나 구속주의셨고 언제나 그분의 백성을 구하러 오시는 분이셨습니다. 구약성경에 나타난 모든 현실 모든 개입은 그분이 행하실 위대한 행위를 미리 맛보는 것이었다. 세상은 구주가 필요했고 그분은 그 부름에 응답할 준비가 되어 있었다. 이러한 만남과 그분이 아기로 베들레헴에 도착하시기 사이에 무슨 일이 있었습니까?

그분은 지상에 내려오시기 전의 영혼 속에서 무엇을 하셨는가 그 답은 우리가 구속 역사를 이해하는 방식을 영원히 바꿀 수 있다. 창조가 형성되기 전 영원한 시간의 광대함 속에서 말씀은 아버지와 성령과 완전한 일치 가운데 거하셨다. 그곳은 비할 데 없는 영광스러운 분위기였으며 신성한 조화가 영원한 멜로디처럼 울려 퍼졌습니다. 그곳에서 예수는 베들레헴에서 받은 이름이 아니라 하나님의 표현 그 자체인 로고스로 알려졌습니다. 그는 하나님과 함께만 있었던 것이 아니었습니다. 그분은 하나님이셨고 그분의 본성과 본질의 완벽한 반영이셨습니다. 그러나 로고스는 단순히 영혼을 구경하는 구경꾼이 아니었다 그는 신성한 고안 건축가요 창조적 대리자였다.

6. 예수님은 빛이 있으라고 그가 말하자 공허는 그의 영광을 울리는 빛으로 가득 찼다.

우주가 존재하게 된 순간을 상상해 보십시오. 그분의 음성은 별과 행성과 존재하는 모든 것을 존재하게 했습니다. 빛이 있으라고 그가 말하자 공허는 그의 영광을 울리는 빛으로 가득 찼다 그분은 하늘을 정밀하게 배열하셨고 땅을 완전한 모양으로 만드셨습니다. 모든 것에는 질서와 아름다움이 있었는데, 창조주께서는 어떤 것도 우연에 맡기지 않으셨기 때문이다. 그리고 그 남자가 도착했다. 다른 모든 창조 작품과 달리 인간은 하나님의 형상대로 지음 받았다.

7. 예수님은 로고스의 손에 의해 형성되었다.

모든 세부 사항은 로고스의 손에 의해 형성되었는데 로고스는 첫 번째 인간에게 생명을 불어넣어 그에게 존재만을 준 것이 아니라 창조주와의 친교를 주었다 이 창조의 모든 측면에는 하나님의 사랑과 위엄을 반영하는 목적이 있었습니다. 그러나 그 남자는 쓰러졌다 죄가 세상에 들어왔고 인간과 하나님 사이의 분리는 돌이킬 수 없는 것처럼 보였다. 맞서 로고스는 무엇을 했는가 그분이 모든 것을 재창조하시고 죄의 오점을 씻어내시고 다시 시작하실 수 있을까요? 어쩌면 그럴지도 모르지만 그건 계획이 아니었다.

8. 예수님은 태초부터 말씀은 당신 자신 안에 구속의 목적을 지니고 계셨다.

태초부터 말씀은 당신 자신 안에 구속의 목적을 지니고 계셨다 그분은 회복을 위해서는 완전한 희생이 필요하며 그 희생은 그분 외에는 아무도 치를 수 없다는 것을 아셨습니다. 그러므로, 인간이 타락하기 전에도 하나님의 어린 양이 세상을 구원하기 위해 바쳐질 것이라는 계획은 이미 진행되고 있었다. 타락 이후 수 세기 동안 로고스는 계속 활동했다. 그분은 비범한 방법으로 자신을 드러내셨으며 인류 역사의 결정적인 순간에 개입하셨습니다. 창세기에서 예수님은 해 질녘에 에덴 동산을 거닐며 불순종한 아담과 이브를 찾으셨습니다.

9. 예수님 그는 그들이 무슨 짓을 저질렀는지 알고 있었지만 여전히 정의와 자비가 뒤섞인 목소리로 그들을 불렀다.

그는 그들이 무슨 짓을 저질렀는지 알고 있었지만 여전히 정의와 자비가 뒤섞인 목소리로 그들을 불렀다 이 상호작용은 단순한 심판의 행위가 아니라 구속 계획의 시작이었습니다. 나중에 그분은 다시 나타나셨는데 이번에는 신비한 주님의 천사로 나타나셨습니다. 그는 평범한 천사가 아니라 하나님 자신의 권병으로 말하고 행동하는 인물이었습니다. 그분은 아브라함에게 나타나셔서 모든 민족에게 축복을 줄 후손을 약속하셨습니다. 그는 야곱과 씨름함으로써 야곱을 육체적으로 뿐만 아니라 영적으로도 하나님과 씨름하는 이스라엘로 표시했습니다. 그분은 또한 불타는 떨기나무에서 모세를 대면하시면서 내가 바로 나이다 라고 선언하셨습니다.

10. 예수님은 로고스가 육신으로 하나님의 완벽한 타이밍에

있습니다.

이러한 각각의 출현은 단지 그분의 임재를 엿보는 것이 아니라 하나님께서 인류와의 잃어버린 관계를 회복하기 위해 일하고 계시다는 것을 상기시켜 주었습니다. 그런데 그는 왜 이러한 시위들을 선택했는가 왜 로고스가 육신으로 즉시 오지 않았는가 그 해답은 하나님의 완벽한 타이밍에 있습니다.

11. 예수님은 성육신하여 우리 가운데 거하실 때 서문이였다.

각 개입은 더 큰 계획의 일부였으며 구원이라는 퍼즐의 한 조각이었다. 세상은 준비되어야 마음은 형성되어야 했으며 메시아를 분명하게 가리키는 예언이 필요했습니다. 그런 다음에야 비로소 로고스가 내려와 구세주의 역할을 완수할 것이다. 이러한 사건들을 묵상할 때 우리는 인류가 그분을 알아볼 수 없을 때조차도 말씀이 항상 현존해 왔다는 것을 깨닫게 됩니다. 그분은 안내자요 보호자요 재판관이요. 잠재적인 구속자이셨습니다. 그분의 영원성은 무활동으로 특징 지어진 것이 아니라 인간 역사에 직접 참여함으로써 특징 지어졌다. 그러나 이 모든 것은 그분이 성육신하여 우리 가운데 거하실 때의 서문에 불과했다. 이것은 다음과 같은 질문을 낳는다.

로고스는 어떻게 그의 영원한 영광과 인간의 모습을 취하는 겸손을 조화시켰는가 어떤 사랑이 창조주를 창조 속으로 내려오게 하는 것일까? 이것을 이해하기 위해 우리는 일시적인 징후를 넘어 그분의 선국신의 의미를 깊이 파고들 필요가 있습니다. 시간이 무르익었을 때 영혼부터 존재하셨던 로고스께서는 역사의 흐름을 영원히 바꿀 발걸음을 내디뎠습니다. 그분은 영광의 자리가 필요했기 때문에 그것을 떠나지 않으셨습니다.

그분은 그것을 사랑하셨기 때문에 그렇게 하셨습니다. 그 위험이 온 우주를 지탱하시던 말씀은 왕복을 입은 왕으로서가 아니라 구유에 누워있는 무력한 어린아이로서 자신을 인간성으로 입기로 선택하셨다 이것은 우주가 일찍이 목격한 가장 비범한 겸손의 행동이었다. 그분이 강생하시기 전에 로고스는 접근할 수 없는 빛 속에 거하셨고 끊임없이 그분의 거룩하심을 선포하는 천사들에 둘러싸여 계셨다 하지만 그분은 하나님과 동등한 자신의 지위를 어떤 대가를 치르더라도 포기해야 할 것으로 여기지 않으셨습니다. 대신 예수님은 자기를 비우사 종의 형체를 가지셨고 빌립보서 2장 7절 이것은 그분의 신성을 포기한 것이 아니라

예수님은 자기를 비우사 종의 형체를 가지셨고(빌립보서 2장 7절).

그분이 사람들 가운데 있을 수 있도록 그분의 모든 영광을 가리는 휘장이었습니다. 하지만 왜 그렇게 했을까요?

답은 간단하면서도 동시에 불가해한 사랑이다. 로고스는 창조주일 뿐만 아니라 구속주이기도 했다. 그분은 잃어버린 것을 찾고 구원하기 위해 오셨습니다. 구약성경에 나타난 모든 이전에 나타남들 족장들과 선지자들에게 주어진 모든 약속들은 그분이 임마누엘이 되실 이 결정적인 순간 즉 하나님이 우리와 함께 계신다를 가리켰다 로고스는 그분의 재림이 보편적인 갈채로 환영받지 못할 것임을 알았다. 하늘은 예수의 탄생을 기뻐했지만, 마음의 완악함으로 특징 지어진

땅은 갈라졌다 처음부터 하나님께서 그토록 겸손하게 그들 가운데 거하실 수 있다는 생각을 받아들이지 못하고 그것을 거부하는 사람들이 있었습니다. 베들레헴에서는 여관의 그분을 위한 방기 없었는데 이것은 그분이 지상생애 동안 직면하게 될 거절의 상징이었습니다.

12. 예수님은 로고스는 육신이 되심으로써 인간성의 한계를 체험했다.

로고스는 육신이 되심으로써 인간성의 한계를 체험했다. 그는 배가 고프고 피곤하고 아팠다 그분은 그분이 친히 만드신 땅에 먼지 나는 길을 걸으셨습니다. 산을 빚던 그의 손은 이제 목수의 연장을 쥐고 있었다. 그는 고통이 멀리서 느껴진다는 것을 알고 있었을 뿐만 아니라 그분은 그렇게 사셨습니다. 이사야는 그를 가리켜 슬픔의 사람 질고를 아는 자라고 묘사합니다(이사야 53장 3절).

슬픔의 사람 질고를 아는 자(이사야 53장 3절).

하지만 그는 자신의 행동과 말에서 하나님의 영광을 반영하는 데 결코 실패하지 않았습니다. 성국신 한 로고스 예수는 하나님에 대해 가르치기 위해서만 오신 것이 아니었다 그분은 그분의 백성 가운데서 하나님이 되셨습니다. 예수님께서 나병 환자를 만지시고 눈먼 자의 시력을 회복시키시고 죽은 자를 살리셨을 때 그분은 하나님의 마음을 드러내셨습니다.

그분의 행동은 단순한 기적이 아니라 하느님의 동정심의 증거였습니다. 모든 몸짓 모든 말은 하나님의 왕국 즉 그분이 군대가 아니라 희생적인 사랑으로 세우신 왕국을 가리켰다 하지만 이 임무에는 대가가 따랐습니다. 그의 사역이 시작될 때부터 십자가가 그분 앞에 있었습니다. 그분은 선교육신하신 말씀의 길이 쉽지 않으리라는 것을 아셨습니다. 자신을 인류와 동일시하심으로써 그분은 또한 당신의 죄를 짊어지셨고 우리에게 주어진 형벌을 겪으셨다 예수님은 세상 죄를 지고 가는 하나님의 어린 양이 되셨습니다. 그가 지구에서 내딛는 한 걸음 한 걸음은 그를 그 목적지에 더 가까이 데려다주었다 그러나 이 사명을 그토록 특별하게 만든 것은 그분이 기꺼이 그 사명을 수행하셨기 때문입니다.

13. 예수님은 그분은 자신이 죽지 않는다면 하나님과 인간 사이의 화해가 불가능하다는 것을 아셨습니다.

아무도 그를 강요하지 않았다. 예수님은 천사의 군대를 불러 십자가에서 자신을 구해줄 수도 있었지만 그곳에 머물기로 선택하셨습니다. 그분은 자신이 죽지 않는다면 하나님과 인간 사이의 화해가 불가능하다는 것을 아셨습니다. 그분의 사랑은 너무나 커서 그분으로 하여금 수치와 고통과 버림을 견디게 하셨고 그 모든 것을 우리가 하나님 아버지와의 교제로 회복될 수 있도록 하셨습니다. 그러나 이야기는 십자가로 끝나지 않습니다. 죽기까지 자신을 낮추신 로고스는 죄와 죽음을 이기고 다시 일어나실 것입니다. 그분은 고난을 받으러 오셨을 뿐만 아니라 이기러 오셨으며 그분을 믿는 모든 사람에게 영생을 주셨습니다.

14. 예수님은 그분을 믿는 모든 사람에게 영생을 주셨습니다.

우리가 강생하신 말씀을 바라볼 때 우리는 변화시키는 진리에 직면하게 됩니다. 모든 것의 창조주께서는 우리를 사랑하실 뿐만 아니라 우리를 위해 당신 자신을 온전히 내어주실 정도로 우리를 깊이 사랑하십니다. 그리고 이것은 근본적인 질문을 제기합니다. 우리는 이 진리를 가지고 무엇을 할 것인가? 무시할 것인가? 받아들일 것인가? 성육신 하신 로고스 예수는 단순히 또 하나의 인물로서 역사 속에 오신 것이 아닙니다. 그것은 분명한 목적이 있었습니다.

15. 예수님은 그 사명은 태초부터 울려 퍼졌습니다.

그 사명은 태초부터 울려 퍼졌습니다. 그러나 만물의 창조주이신 그분이 그분의 피조물들 사이를 거닐신다는 것은 실제로 무엇을 의미했는가 예수의 지상생활은 말씀과 기적 그 이상이었습니다. 그것은 하나님의 보이지 않는 사랑의 가시적 표현이었습니다.

성육신 나신 순간부터 예수는 매일 영원한 목적 의식을 가지고 사셨습니다. 나는 내가 누구인지 왜 이곳에 왔는지를 알았다. 열두 살 때 성전에서 성경을 토론하면서 요셉과 마리아에게 내가 네 아버지의 집에 있어야 할 줄을 너희가 알지 못하였느냐. 누가복음 2장 49절 예수께서는 젊었을 때에도 자신의 신성한 정체성과 사명을 온전히 알고 계셨습니다.

내가 네 아버지의 집에 있어야 할 줄을 너희가 알지 못하였느냐(누가복음

2장 49절).

그분은 단지 지상의 아들이 아니었습니다. 그분은 하나님의 영원한 아들이셨습니다. 하지만 예수는 인간의 현실과 동떨어진 차에 살지 않으셨습니다. 그분은 소외된 사람들 사이를 걸으셨고 불가촉천민들을 어루만지셨으며 사회가 멸시하는 사람들에게 말씀하셨습니다.

예수님은 겸손한 사람들을 위한 것임을 보여주시기 위해 오셨습니다.

그는 나사렛이라는 작은 마을에서 목수로 살기로 결정했는데 그곳은 많은 사람들이 하찮게 여기는 곳이었습니다. 이러한 단순함은 의도적인 것이었습니다. 그분은 하나님의 왕국이 권력 있고 영향력 있는 사람들을 위한 것이 아니라 마음이 겸손한 사람들을 위한 것임을 보여주시기 위해 오셨습니다. 예수께서 가르치셨듯이 그분의 말씀에는 변화시키는 힘이 있었습니다. 그분은 성경을 해석하는 일에만 자신을 제한하지 않으셨습니다. 그분은 그들의 성취이셨습니다. 그분이 "나는 생명의 떡이니"라고 선언하셨을 때 그분은 육신의 음식 이상을 제공하셨으며 어떤 율법이나 전통도 제공할 수 없는 영적인 양식을 제공하셨습니다(요한복음 6장 35절).

나는 생명의 떡이니(요한복음 6장 35절).

그의 주장은 인간이 이해할 수 없는 것이었지만 그 주장에는 그의 권위를 확증하는 표징들이 수반되었다. 이러한 표징들 즉 기적들은 단순한 능력의 과시가 아니었습니다. 각 문자는 예수의 신성한 정체성과 그분이 사용하시는 왕국을 가리키는 특정한 목적을 가지고 있었습니다. 그분이 간에서 물을 포도주로 바꾸셨을 때 그분은 그분 앞에서 평범함이 비범해진다는 것을 게시하셨습니다. 그분은 병든 자를 고치시고 죽은 자를 살리심으로써 자신이 창조물과 생명을 다스리는 권능이 있음을 보여주셨다 그리고 죄를 용서하심으로써 자신이 단순한 예언자가 아니라 성육신하신 하나님이라는 것을 분명히 하셨습니다.

16. 예수의 임재가 만장일치로 받아들여진 것은 아니었다.

그렇다 하더라도 예수의 임재가 만장일치로 받아들여진 것은 아니었다 그분의 말씀은 당시에 종교 지도자들에게 도전이 되었으며 그들의 위선과 율법주의를 폭로하였습니다. 검과 정치 권력을 가지고 오실 메시아를 기대했지만, 예수님은 세상 죄를 지고 가는 하나님의 어린 양으로 오셨습니다(요 1장 29절).

2과 예수님은 세상 죄를 지고 가는 하나님의 어린 양

예수님은 세상 죄를 지고 가는 하나님의 어린 양(요한복음 1장 29절).

그분은 인간의 권력 제도를 거부하고 공이와 자비와 겸손을 더 좋아하셨습니다. 예수께서는 또한 자신의 사명이 최고의 희생으로 절정에 달할 것임을 알고 계셨습니다. 그분은 자신의 죽음에 대해 자주 말씀하시면서 제자들이 앞으로 일어날 일을 준비할 수 있도록 준비시키셨습니다.

인자가 많은 고난을 받고 장로들과 대 제사장들과 서기관들에게 버림을 받고 죽임을 당하고 셋째, 날에 다시 살아나야 하리라. 누가복음 9장 22절 예언은 운명에 대한 체념이 아니라 예상되는 승리의 선언이었다.

인자가 많은 고난을 받고 장로들과 대 제사장들과 서기관들에게 버림을 받고 죽임을 당하고 셋째, 날에 다시 살아나야 하리라(누가복음 9장 22절).

그분은 자신의 죽음이 끝이 아니라 인류가 하나님과 화해할 수 있는 수단이 될 것임을 알고 계셨습니다. 예수께서는 일생 동안 끊임없는 반대에 직면하셨지만, 자신이 정해 놓은 길에서 결코 벗어나지 않으셨습니다. 한 걸음 한 걸음 내딛을 때마다 그분은 십자가에 더 가까이 다가가셨고 그곳에서 그분은 역사상 가장 위대한 사랑의 행위를 행하셨습니다.

1. 예수님은 자신의 십자가를 지라고 부르셨습니다.

그러나 그 전에 그분은 그분의 사업을 계속할 사람들을 준비시키는 일에 착수하셨다 어부 세금징수원 광신자들로 이루어진 다양한 집단의 예수의 제자들은 왕국 소식을 전하도록 훈련을 받았습니다. 예수는 하나님을 따르는 것이 외적인 의식에 관한 것이 아니라 내적인 변화에 관한 것이라고 가르치셨습니다. 그분은 그들에게 원수를 사랑하고 그들을 박해하는 사람들을 위해 기도하며 자신의 십자가를 지라고 부르셨습니다. 그의 말은 받아들이기 어려웠지만 그 말에는 하나님 나라의 본질 즉 회개와 신앙과 희생적인 사랑에 대한 부름이 담겨있었습니다. 그리고 마지막 시간이 다가오자 그분은 놀라운 일을 하셨습니다.

그분은 자신이 어떤 일을 겪게 될지 아셨기 때문에 제자들의 발을 씻겨주셨는데 이는 겸손과 봉사의 행위로서 그분이 가르치신 모든 것의 모범이 되는 행동이었습니다. 우주의 창조주이신 로고스가 불완전한 인간 앞에 무릎을 꿇으시면서 하나님의 왕국에서 가장 큰 자는 섬기는 자라는 것을 보여 주셨습니다. 이것이 바로 예수의 본질이며 지금도 그러하다 창조의 수준으로 내려오기로 선택한 하나님 즉 창조물을 지배하기 위해서가 아니라 구원하기 위해서이다. 그분의 사랑은 너무나 깊어서 우리의 죄의 무게를 짊어지셨으며 그것이 거절과 굴욕과 죽음을 의미할 때조차도 짊어지셨습니다. 그러나 십자가가 이 이야기의 마지막 장이 되지는 않을 것이다. 부활이 곧 다가오고 있었으며 그와 함께 죄와 죽음에 대한 궁극적인 승리가 다가오고 있었습니다.

2. 예수님은 성육신 나신 말씀은 영원 전부터 세워진 구속의 계획을 완성합니다.

성육신 나신 말씀은 영원 전부터 세워진 구속의 계획을 완성하려 하고 계셨습니다. 십자가에 그림자는 강생하신 말씀이신 예수께 점점 더 가까이 다가갔습니다. 지상 여행을 하는 동안 그분은 영광과 거절의 순간을 겪으셨지만 자신의 사명의 절정이 곧 이루어질 것임을 알았습니다. 그의 생애의 마지막 주간은 그의 사랑의 깊이뿐만 아니라 그가 기꺼이 치르고자 했던 희생의 규모를 드러내는 행동과 사건들로 점철되었다. 이 모든 것은 예수께서 나귀 새끼를 타고 예루살렘에 입성하실 때 시작되었으며 스가랴의 예언을 성취시키셨습니다. "공의로우시며 구원을 베푸시며 겸손하여서 나귀를 타시나니" 스가랴 9장 9절 군중은 종려나무 가지로 그분을 환영하며 다윗의 자손에게 호산나를 외쳤습니다.

공의로우시며 구원을 베푸시며 겸손하여서 나귀를 타시나니(스가랴 9장 9절).

3. 예수님은 제자에 배반당하신 날 밤 예수께서는 제자들과 함께 유월절을 지키셨습니다.

그들은 구원을 부르짖었지만 예수님이 가져다주시는 구원의 종류를 이해하는 사람은 거의 없었습니다. 그것은 정치적 해방이 아니라 영원에 이르는 영적 구속이었다. 며칠 동안은 교훈과 대결로 가득 찼습니다. 예수께서는 종교 지도자들의 위선을 폭로하셨고 성전에 부패한 관행에 도전하셨으며 마지막 대의 징조를 선포하셨습니다. 모든 말과 행동은 그분과 그분의 죽음을 계획한 자들 사이에 긴장을 고조시켰다 그러나 반대 속에서도 그는 굳건히 서서 자신을 그곳으로 이끈 영원한 목적에 집중했습니다. 배반당하신 날 밤 예수께서는 제자들과 함께 유월절을 지키셨습니다. 이것은 평범한 저녁 식사가 아니었다 그것은 깊은 영적 연결의 시간이었습니다.

4. 예수님 그분은 떡을 가지사 떼어 가라 사되 이것은 내 몸이니 너희를 위하여 주는 것이니라.

그분은 떡을 가지사 떼어 이르시되 이것은 내 몸이니 너희를 위하여 주는 것이니라 이를 행하여 나를 기념하라 누가복음 22장 19절 그리고 예수님은 잔을 가지시며 이 잔은 내 피로 너희를 위하여 쏟은 새 언약이니 라고 말씀하셨습니다(누가복음 22장 20절).

떡을 가지사 떼어 이르시되 이것은 내 몸이니 너희를 위하여 주는 것이니라 이를 행하여 나를 기념하라(누가복음 22장 19절).

예수님은 잔을 가지시며 이 잔은 내 피로 너희를 위하여 쏟은 새 언약이니 (누가복음 22장 20절).

5. 예수님 그는 아버지의 계획에 온전히 복종했습니다.

이 말씀에서 예수께서는 자신의 임박한 죽음의 의미를 밝히셨습니다. 그분은 완전한 희생 제물 즉 세상 죄를 지고 갈 어린 양이 되실 것입니다. 예수께서는 저녁 식사 후에 기도하러 겟세마네 동산으로 가셨습니다.

거기서 형언할 수 없는 고통의 순간에 그분은 이렇게 외치셨다 아버지 원하시거든. 이 잔을 내게서 거두시옵소서 그러나 내 원대로 마시옵고 아버지의 원대로 되기를 원하나이다(누가복음 22장 42절).

앞으로 닥칠 일의 무게는 압도적이었지만 그는 아버지의 계획에 온전히 복종했습니다.

아버지 원하시거든. 이 잔을 내게서 거두시옵소서 그러나 내 원대로 마시옵고 아버지의 원대로 되기를 원하나이다(누가복음 22장 42절).

그분은 자신의 고통이 구속의 대가가 될 것임을 아셨습니다. 바로 그날 밤 열두 제자 중 한 사람인 가료 유다가 입맞춤으로 예수님을 배반했습니다. 예수는 종교 지도자들 앞으로 끌려갔고 그들은 그분을 거짓 고발하여 로마 총독 빌라도에게 넘겨주었습니다. 빌라도는 군중 앞에서 예수님을 풀어주려고 했지만, 십자가의 못 박으시오. 라는 외침이 거리에 울려 퍼졌습니다. 한때 그의 구원을 부르짖던 사람들은 이제 그의 죽음을 요구하고 나섰다. 그것은 이사야의 말씀이 성취된 것입니다. 멸시를 받고 버림을 받은 자요 슬픔의 사람이요.

고난을 아는 자로다(이사야 53장 3절). 예수께서는 십자가를 지고 갈보리로 걸어가셨습니다.

멸시를 받고 버림을 받은 자요 슬픔의 사람이요. 고난을 아는 자로다(이사야 53장 3절).

한 걸음 한 걸음 한 걸음이 그의 결단력과 사랑의 증거였습니다.

예수님은 십자가에 못 박히셨고 그 죽음은 흉악한 범죄자들을 위해 예비된 죽음이었지만 그분의 반응은 용서의 응답이었습니다. 아버지 여 저들을 사하여 주옵소서 그들이 무엇을 하는지 알지 못함이니다. 누가복음 23장 14절 그 당시에 창조주께서는 그분의 손에 고통을 당하던 그분의 창조물에게 용서를 베푸시고 계셨다 예수께서는 십자가에 달리시면서 다 이루었다(요한복음 19장 3절). 라고 선언하셨습니다. 이 말은 패배의 외침이 아니라 승리의 선언이었다. 구속의 계획이 완성되었습니다. 그분은 우리를 하나님과 화목하게 하시므로 온 인류의 죄의 무게를 짊어지셨습니다.

6. 그날 하늘이 어두워지고 땅이 흔들렸다.

그분의 죽음은 이전에 닫혀 있던 길을 열어 그분을 믿는 모든 사람이 아버지께 나아갈 수 있게 했습니다. 하늘이 어두워지고 땅이 흔들렸다 지성소를 성전의 나머지 부분과 분리하는 성전의 휘장이 위에서 아래로 찢어졌습니다. 그것은 하나님과 인간 사이에 더 이상 장벽이 없다는 강력한 상징이었습니다. 예수의 희생은 율법과 예언자들이 지적한 모든 것을 성취시켰습니다. 그러나 이야기는 거기서 끝나지 않을 것입니다. 예수는 빌린 무덤에 안치되었고 죽음이 정복한 것 같았습니다. 제자들은 두려움과 의심에 휩싸였습니다. 그들은 사흘째 되는 날이 가장 큰 충격인 부활을 가져다 줄 것을 몰랐습니다.

육신이 되신 말씀은 죽음에 의해 패배하지 않을 것인데 왜냐하면,

그분은 생명 그 자체이기 때문이다. 십자가와 빈 무덤은 단순한 역사적 사건이 아닙니다. 그것들은 복음의 본질입니다. 이 모든 것에 앞서 제기되는 질문은 우리는 예수의 희생을 어떻게 할 것인가? 입니다. 우리는 그분의 구원 제의를 받아들일 것인가? 아니면 예루살렘의 많은 사람들이 그랬던 것처럼 그분을 계속 배척할 것인가? 셋째, 날이 되자 인류의 진로를 영원히 바꾸어 놓을 새벽이 찾아왔다 예수의 무덤에 드리워져 있던 침묵은 초자연적인 사건으로 깨졌다 그 돌은 인간의 손에 의해서가 아니라 하나님의 능력에 의해 굴려졌다 하늘에서 내려와 십자가에서 목숨을 바치신 말씀은 이제 죽음을 이기시고 영광과 능력으로 다시 살아나셨습니다.

7. 예수님 그분이 살아나셨도다.

예수님의 부활은 단순한 기적이 아니라 그분의 신성과 그분이 약속하신 모든 것에 대한 궁극적인 확증이었습니다. 그날 아침 그의 시신을 방부 처리하기 위해 무덤에 갔던 여자들은 뜻밖의 일을 만났다 그들은 시체 대신에 한 천사를 발견하였는데 그 천사는 그들에게 어찌하여 너희는 죽은 자들 가운데서 산 자를 찾느냐 그분은 여기 계시지 않습니다. 그분이 살아나셨도다(누가복음 24장 5절). 두려움과 당혹감이 그들을 사로잡았지만 희망도 마찬가지였다.

어찌하여 너희는 죽은 자들 가운데서 산 자를 찾느냐 그분은 여기 계시지 않습니다. 그분이 살아나셨도다(누가복음 24장 5절).

그 순간은 육체적 사망에 대한 승리였을 뿐만 아니라 죄의 권세가 영원히 꺾였다는 표징이었습니다. 예수의 부활은 하늘과 땅을 뒤흔든 사건이었습니다. 그것은 단순한 권력 행사가 아니었습니다. 그것은 하나님의 구속 계획이 완성되었다는 선언이었습니다.

사망아 너의 승리가 어디 있느냐 사망아 너의 쏘는 것이 어디 있느냐? 고린도전서에 예수의 승리는 그만의 것이 아니었습니다. 그것은 또한 우리의 것이었다. 그분은 부활하심으로써 그분을 신뢰하는 모든 사람이 이 새로운 생명 즉 영생에 참여할 수 있게 하셨습니다. 그러나 부활의 영향이 모든 사람에게 즉각적으로 미친 것은 아니었다 제자들은 여전히 두려움과 혼란에 빠져 집안에 숨어 있었으며 무슨 일이 일어났는지 온전히 이해할 수 없었습니다. 하지만 예수께서는 그들을 조금도 의심하지 않게 하셨습니다.

8. 예수님은 내 손을 봐 손을 뻗어 내 옆에 넣어 보아라.

그분은 닫힌 문을 통해 그들에게 나타나셔서 평화로 그들을 맞이하셨다 예수님의 첫 말씀은 꾸짖음이 아니라 "너희에게 평강이 있을지어다"라는 위로였다(요한복음 20장 19절).

너희에게 평강이 있을지어다(요한복음 20장 19절)

그분은 그들에게 그분의 손과 옆구리에 있는 표시들을 보여주셨는데 그것은 그것이 정말로 그분이라는 것을 보여주는 명백한 표징들이었다. 불씨는 기쁨으로 바뀌었습니다. 처음에 부활을 의심했던 도마는 예수를 직접 만났습니다. 여기에 손가락을 넣으십시오. 내 손을 봐 손을 뻗어 내 옆에 놓으십시오. 의심하지 말고 믿으라(요한복음 20장 27절). 도마는 기독교 신앙의 가장 심오한 선언 중 하나를 했다.

여기에 손가락을 넣으십시오. 내 손을 봐 손을 뻗어 내 옆에 놓으십시오. 의심하지 말고 믿으라(요한복음 20장 27절).

나의 주님 나의 하나님(요한복음 20장 28절) 부활은 더 이상 먼 미래의 관념이 아니었다. 그것은 그들 앞에 놓인 생생한 현실이었다.

9. 예수님은 가서 모든 족속으로 제자를 삼아 아버지와 아들과 성령의 이름으로 세례를 주어라.

예수께서는 그분의 능력을 나타내시기 위해 부활하셨을 뿐만 아니라 그분을 따르는 사람들에게 새로운 목적을 주시기 위해 부활하셨습니다. 예수님은 그들을 모아 "가서 모든 족속으로 제자를 삼아 아버지와 아들과 성령의 이름으로 세례를 주고"라는 분명한 사명을 가지고 그들을 파송하셨습니다(마태복음 28장 19절).

가서 모든 족속으로 제자를 삼아 아버지와 아들과 성령의 이름으로 세례를 주고(마태복음 28장 19절)

강생하신 말씀은 이제 구속의 메시지를 온 세상에 전하기 위해 그분께서 훈련시키셨던 평범한 사람들을 보내셨다 선교사업은 쉽지 않았지만 예수님은 "내가 세상 끝날까지 너희와 항상 함께 있으리라"라고 약속하셨습니다(마태복음 28장 20절).

내가 세상 끝날까지 너희와 항상 함께 있으리라(마태복음 28장 20절).

예수의 부활은 제자들의 믿음을 강화시켜 주었을 뿐 아니라 우주적인 의미에도 영향을 미쳤습니다. 그것은 하나님의 영원한 계획은 결코 좌절될 수 없다는 것을 재확인시켜 주었다 태초부터 죄가 세상에 들어왔을 때 하나님께서는 여자의 자손이 뱀의 머리를 상하게 할 것이라고 약속하셨습니다. 창세기 부활을 통해 이 약속은 성취되었습니다. 죽임을 당하신 어린 양이신 예수께서 승리의 사자로 부활하셨습니다. 부활의 영향은 그 순간의 시간과 공간에만 국한되지 않았습니다. 그것은 오늘날까지 반향을 일으키며 삶을 변화시키고 희망을 제공합니다. 그것을 통해 우리는 죄와 사망의 마지막 말이 없다는 것을 확신하게 됩니다.

10. 예수님께서 부활하셨듯이 그분을 믿는 기독교 신앙의 소망입니다.

그리스도 안에서 우리는 용서를 발견할 뿐만 아니라 새롭게 살 수 있는 힘을 발견합니다. 누구든지 그리스도 안에 있으면 새로운 피조물이라 낡은 것들은 지나갔고 보라 새 것들이 일어났도다. 고린도서에 마지막으로, 부활은 영광스러운 미래를 가리켜 줍니다. 예수께서 부활하셨듯이 그분을 믿는 사람들도 영생으로 부활할 것입니다. 이것이 기독교 신앙의 소망입니다. 언젠가 모든 눈물이 씻겨지고 모든 고통이 제거되며 우리는 영원한 말씀의 임재 안에 영원히 거하게 될 것입니다. 부활은 모든 것을 변화시키는 사건인 복음의 핵심입니다. 그는 우리에게 예수가 제시한 이 새로운 생명을 받아들일 것인가? 아니면 이 세상의 한계에 계속 집착할 것인가에 대한 대답을 요구한다. 선택은 우리 앞에 놓여 있습니다.

부활 후에 예수의 지상에서의 사명은 끝나가고 있었지만 그분의 일은 아직 끝나지 않았습니다. 죽음을 이기신 후 사십 일 동안 그분은 제자들의 신앙을 강화하기 위해뿐만 아니라 하나님의 구속 계획의 다음 장을 위한 길을 예비하기 위해 제자들과 함께 계셨습니다. 이 시기는 인류 역사에 영원히 남을 가르친 만남 약속으로 점철된 시기였습니다. 예수께서는 서로 다른 시간과 장소에 나타나셔서 종종 제자들을 놀라게 하셨습니다. 그 중 한 번은 예수님이 엠마오로 가는 길에서 두 사람과 함께 걸으셨습니다. 그들은 바로 그를 알아보지는 못했지만, 그들의 가슴은 뜨거워졌다. 예수께서 떡을 떼셨을 때에야 비로소 그들은 예수님이 누구인지 깨달았습니다.

누가복음 24장 35절 에피소드는 그리스도에 살아 계신 임재뿐만 아니라 그분이 계속해서 하실 역할 즉 영적인 눈을 뜨게 하고 추종자들의 신앙을 키우는 역할을 드러냅니다.

예수께서 떡을 떼셨을 때에야 비로소 그들은 예수님이 누구인지 깨달았습니다(누가복음 24장 35절).

이와 같은 만남을 통해 예수는 모든 성경이 자신을 가리키고 있음을 재확인했습니다. 모세로부터 선지자에 이르기까지 모든 것이 그의 구속 사명과 연결되어 있었습니다. 그분은 자신의 삶과 죽음과 부활이 어떻게 하나님의 약속의 성취가 되는지를 설명하셨다. 이러한 내 가르침은 제자들을 깨우쳐 주기 위한 것이었을 뿐만 아니라 세상을 변화시킬 메시지로 그들을 무장시키기 위한 것이었습니다. 그러나 이 40일은 단지 가르치는 기간이 아니었다. 당시는 과도기의 시기였습니다. 예수께서는 자신이 제자들 가운데 있는 것이 일시적이라는 것을 아셨습니다.

11. 예수님 그분은 하늘로 올라가실 것이지만 그분의 임재는 상기시켜 주었습니다.

그분은 그들이 없을 때 위로자와 안내자가 되실 성령의 오심을 위해 그들을 준비시키고 계셨다. 나는 너희를 고아로 버려두지 않을 것이다. 내가 너희에게로 돌아가리라(요한복음 14장 18절). 이 약속은 그분이 하늘로 올라가실 것이지만 그분의 임재는 결코 그들을 떠나지 않을 것임을 상기시켜 주었습니다.

나는 너희를 고아로 버려두지 않을 것이다. 내가 너희에게로 돌아가리라 (요한복음 14장 18절).

예수께서는 떠나시기 얼마 전에 제자들을 갈릴리의 한 산에 모으셨습니다. 거기서 예수님은 "너희는 가서 모든 족속으로 제자를 삼아 아버지와 아들과 성령의 이름으로 세례를 주고 내가 너희에게 분부한 모든 것을 가르쳐 지키게 하라"는 지상 명령을 주셨습니다(마태복음 28장 19~20절).

너희는 가서 모든 족속으로 제자를 삼아 아버지와 아들과 성령의 이름으로 세례를 주고 내가 너희에게 분부한 모든 것을 가르쳐 지키게 하라(마태복음 28장 19~20절).

이 임무는 단순한 임무가 아니었습니다. 그것은 그분이 시작하신 사업을 계속하라는 부름이었다.

12. 예수님께서는 그들의 눈앞에서 하늘로 올려지셨습니다.

땅을 밟는 그리스도의 손과 발이 되어 복음을 선포하고 하나님의 왕국을 확장하게 될 것입니다. 그러나 제자들은 열정으로 가득 찼지만 여전히 의심과 두려움을 가지고 있었습니다. 그들은 예수의 육체적인 임재 없이 어떻게 그토록 위대한 과업을 성취할 수 있을지 궁금해 했습니다. 그때 그분은 마지막 순간을 위해 그들을 감람산으로 인도하셨습니다. 그곳에서 예수께서는 그들의 눈앞에서 하늘로 올려지셨습니다. 그들은 아마도 놀라움과 불안이 뒤섞인 표정으로 하늘을 올려다보았다. 그러나 두 천사가 예수에게 나타나 가로되 너희 갈릴리 사람들아 어찌하여 여기서 하늘을 바라보고 있느냐 너희를 떠나 하늘로 올리우신 이 예수가 너희가 승천하는 것을 본 것 같이 다시 오실 것이다. 사도행전의 예수의 승천은 작별 인사가 아니라 변화였습니다.

13. 예수님은 하나님의 우편에서 자기를 따르는 사람들을 위해 끊임없이 중재하십니다.

그분은 자기를 따르는 사람들을 버리신 것이 아니라 하나님의 우편에 그들의 자리를 차지하셨으며 거기서 자기를 따르는 사람들을 위해 끊임없이 중재하십니다. 그분은 그들이 더 이상 그분의 가시적인 지도력 아래 있지 않을지라도 혼자가 아니라는 점을 분명히 하셨습니다. 성령이 임하시면 너희가 능력을 받으리라 사도행전 1장 8절 이 능력은 가치의 원천이 될 뿐만 아니라 그분이 그들에게 맡기신 일을 할 수 있는 신성한 능력이 될 것입니다.

3과 성령이 임하시면 너희가 능력을 받으리라

성령이 임하시면 너희가 능력을 받으리라(사도행전 1장 8절).

1.성령이 임하시면 너희가 능력을 받으리라.

증가에 영향은 엄청났다. 이전에는 불안과 혼란을 느꼈던 제자들은 이제 새로운 목적을 갖게 되었습니다. 그들은 슬픔이 아니라 기쁨으로 예루살렘으로 돌아가 성령의 약속을 기다렸습니다.

예수의 육체적 부재는 그들이 그분이 가르치시고 약속하신 것을 더욱 온전히 신뢰하도록 도전했다. 승천은 또한 영원한 의미를 지닙니다. 그것은 예수께서 우리의 중보이자 대제사장으로서 계속 역할을 하신다는 점을 지적합니다. 그분은 아버지의 우편에 계시며 만물을 다스리시고 우리를 위해 중보하신다 그에 더하여 그분의 재림에 대한 약속은 하나님의 왕국의 최종적인 성취를 기다리는 사람들에게 희망을 가져다 줍니다. 그는 그들이 그가 올라가는 것을 보았던 것과 같은 방식으로 돌아올 것입니다. 이 확신은 단순한 위안이 아닙니다. 이야기가 끝나지 않았다는 것을 알고 목적을 가지고 살려는 동기입니다.

예수께서 지상에서 보내신 시간은 영원에 비하면 짧았을지 모르지만 그분의 말씀과 행동은 계속해서 삶을 변화시키고 있습니다. 그것은 우리에게 당면한 상황 너머를 바라보고 다가올 것에 대한 약속에 우리의 눈을 고정하고 살도록 요구합니다. 이제 남은 질문은 우리가 그분의 사역의 증인으로 살며 적극적인 기대를 가지고 그분의 재림을 기다리고 있는가 하는 것입니다. 예수께서 승천하심과 함께 구속 역사에 다음 장이 펼쳐지기 시작했습니다. 제자들은 여전히 스승의 육체적 부재로 얼룩져 있었지만 새로운 기대로 가득 찼다

그들은 성령께서 오셔서 예수께서 그들에게 맡기신 사명을 감당하도록 그들을 준비시키실 것이라는 약속을 받았습니다. 그래서 그들은 예루살렘으로 돌아가 다락방에 모여서 기도에 전념하고 이 신성한 약속이 성취되기를 기다렸습니다. 여러 날이 지나고 나서 오순절에 이르렀는데 오순절은 추수를 기념하는 유대인의 축일로서 또한 시나이산에서 모세에게 율법을 준 일을 기억하는 날이었습니다. 그날 놀라운 일이 일어났습니다. 성령께서 강한 바람처럼 제자들에게 내려오셨고 불의 혀가 그들 각자에게 머물렀습니다(사도행전 2장 1~4절).

이 거룩한 현현은 하나님의 임제가 더 이상 인간의 손으로 지은 신전에 거하지 않고 그의 백성들의 마음속에 거하신다는 표징이었다.

성령께서 강한 바람처럼 제자들에게 내려오셨고 불의 혀가 그들 각자에게 머물렀습니다(사도행전 2장 1~4절).

성령으로 충만한 제자들은 다른 방언으로 말하기 시작했고, 예루살렘에 있는 여러 나라 사람들에게 하나님의 이적을 선포했다. 그 말을 들은 사람들은 놀라움과 당혹감을 감추지 못하였으며, 이 현상이 무엇을 의미하는지 궁금해 하였다.

2. 성령으로 베드로의 말은 너무나 강력해서 그날 약 3천 명의 사람들이 믿고 세례를 받았습니다.

그런 다음 베드로는 일어서서 자신의 첫 번째 공개 메시지를 설교하면서 그들이 목격하고 있는 것은 요엘의 예언 즉 내가 내 영을 모든 육체에게 부어주리라 설명했습니다. 그는 예수의 부활과 회개와 그분을 믿는 신앙의 필요성을 선포했다. 베드로의 말은 너무나 강력해서 그날 약 3천 명의 사람들이 믿고 세례를 받았습니다(사도행전 2장 41절). 갓 태어난 교회는 단순한 새로운 공동체가 아니었다

그날에 약 3천 명의 사람들이 믿고 세례를 받았습니다(사도행전 2장 41절).

그것은 모든 나라를 당신 자신과 화목시키시려는 하나님의 계획의 성취였습니다. 그때부터 제자들은 더 이상 예수의 단순한 제자가 아니었습니다. 그들은 그분의 대사가 되어 세계 곳곳에 복음의 메시지를 전했습니다. 그러나 오순절은 시작에 불과했습니다.

성령님은 그들에게 설교할 수 있는 능력을 주셨을 뿐만 아니라 그들의 삶을 근본적으로 변화시키셨습니다. 이전에는 당국을 무서워하여 숨어 지내던 사람들이 이제는 용기를 가지고 박해에 맞섰습니다. 그들은 더 이상 평범한 사람이 아니었다. 그들은 하나님의 권능의 도구였습니다. 예수께서 그들에게 약속하신 권세는 표적과 기사로 나타나 그들이 전하는 메시지를 확증해 주었다 형성된 그리스도인 공동체의 특징은 특별한 사랑과 연합이었습니다. 신자들은 그들이 가진 모든 것을 나누었고 서로를 돌보았으며 기도와 사도들의 가르침에 힘썼습니다(사도행전 4장 32절).

이 살아있는 간증은 그들의 삶을 변화시키는 그리스도의 사역을

반영하는 것이었고 더 많은 사람들을 신앙으로 이끌었다 하지만 이 새로운 희망의 시대에도 어려움이 없었던 것은 아닙니다.

초대교회 신자들은 그들이 가진 모든 것을 나누었고 서로를 돌보았으며 기도와 사도들의 가르침에 힘썼습니다(사도행전 4장 32절)

제자들은 그리스 도교의 성장을 위협으로 간주한 종교 당국과 정부 당국의 반대가 커지는 상황에 직면했습니다. 믿음과 성령이 충만한 스데바는 예수에 대한 진리를 담대하게 전함으로서 첫 번째 순교자가 되었습니다. 그의 죽음은 교회를 침묵시키지 않았다. 오히려 그는 신자들을 다른 지역으로 확장시켜 복음을 더욱 발전시켰습니다. 그리스도인을 박해하던 사람들 중에는 교회를 파괴하기로 결심한 열심 있는 바리새인 사울이 있었습니다. 그러나 다메색으로 가는 길에서 극적인 만남을 통해 그는 부활하신 예수를 직접 만나게 되었습니다. 이 경험은 그의 인생을 완전히 바꾸어 놓았습니다.

3. 성령으로 사울은 핍박하던 시절에 기독교의 가장 위대한 선교사 바울이 되었다.

사울은 핍박하던 시절에 기독교의 가장 위대한 선교사 바울이 되어 유대인과 이방인에게 복음을 전하고 곳곳에 교회를 세웠습니다. 성령은 역경 속에서도 교회를 계속 인도하고, 강화했습니다. 체포와 채찍질과 처형에 직면해서도 제자들은 희망을 잃지 않았습니다. 하나님의 왕국이 무력에 의해서가 아니라 사랑과 진리의 힘에 의해 성장한다는 것을 알고 있었습니다. 모든 박해는 증언할 기회였으며 모든 순교는 더 큰 신앙을 불러일으켰다 성령의 역사는 사도들에게만 국한되지 않았습니다. 평범한 남녀들도 복음을 전파하기 위해 하나님께 쓰임 받았습니다. 빌립은 사마리아에서 복음을 전했고 에티오피아 관리에게 복음을 전하는 데 사용되어 메시지가 아프리카에 도달할 수 있는 길을 닦았습니다.

겸손한 부부였던 브리스 길라와 아굴라는 새 신자들의 제자들을 위한 강력한 도구였습니다. 하나님께서는 그분의 왕국이 포괄적이고 다문화적임을 보여주셨습니다. 예루살렘의 다락방에서 시작된 일은 알려진 세상 전체로 빠르게 퍼져 나갔습니다. 선 육신하신 말씀이신 예수의 메시지는 사람들의 마음을 변화시키고 장벽을 허물고 있었습니다. "내가 내 교회를 세우리니 지옥문이 이를 이기지 못하리라"라는 그분이 하신 약속이 모든 사람의 눈앞에서 성취되고 있었습니다. 오순절은 역사적인 사건 그 이상이었다(마태복음 16장 18절).

내가 내 교회를 세우리니 지옥문이 이를 이기지 못하리라(마태복음 16장 18절).

새로운 시대의 시작이었다. 남은 질문은 그 당시 세상을 변화시켰던 동일한 성령이 오늘날 우리의 삶 속에서 계속 역사하도록 허용하고 있는가 하는 것입니다.

4. 예수그리스도의 복음을 선포하도록 인도하고, 강화하고 능력을 부여하셨다.

우리는 이 희망과 구원의 메세지를 전하는 사람들입니까? 오순절의 불꽃이 타오르면서 교회의 역사는 들불처럼 번지기 시작했습니다. 예루살렘의 작은 나 제자들에 의해 시작된 복음은 이제 문화와 지리적 경계를 넘어 퍼져나갔다 이 메시지의 확장의 모든 단계는 신자들이 예수 그리스도의 복음을 선포하도록 인도하고, 강화하고 능력을 부여하는 성명의 역사로 지어졌습니다. 그러나 성장에 어려움이 없었던 것은 아닙니다. 그것은 신앙과 용기와 희생의 여정이었습니다.

사도들과 예수의 다른 제자들이 복음을 먼 곳으로 가져가면서 그들은 상당한 장벽에 부딪쳤다 유대인과 이방인 사이에 문화적 편견은 당시의 가장 큰 분열 중 하나였다. 유대인들에게 이방인들은 부정한 존재였으며 많은 사람들에게는 메시아에 관한 소식을 그들에게 전해 준다는 생각을 할 수 없는 일이었습니다. 그러나 하나님에게는 더 큰 계획이 있었습니다. 그분은 유대인과 이방인 종과 자유인 남성과 여성의 차별이 없는 포용적인 왕국을 세우고 계셨습니다. 이러한 포용의 이정표는 베드로가 옆에 있을 때 환상을 보았을 때 일어났습니다. 그는 하늘에서 온갖 부정한 짐승들이 담긴 천이 내려오는 것을 보았고 한 음성이 그에게 말했던 죽여서 먹어라 혼란스러워진 베드로는 안 돼요.

주님 나는 부정하거나 부정한 것을 먹어본 적이 없습니다. 그러나 그 음성은 하나님이 깨끗하게 하신 것을 부정하다 하지 말라 행 심일삼 주장했습니다. 이 환상은 베드로로 하여금 특별한 일 로마에 백부장 고넬료의 개종을 위해 준비시켰습니다. 성령이 고넬료와 그의 가족에게 임했을 때 구원은 유대인만이 아니라 모든 민족을 위한 것이라는 것이 분명해졌습니다. 한편, 이전의 사울로 알려졌던 바울은 기독교의 가장 위대한 선교사로 부상하고 있었습니다. 담의 색으로 가는 길에서 그의 회심은 그의 삶을 완전히 바꾸어 놓았습니다. 그는 교회를 맹렬히 핍박하던 사람에서 지칠 줄 모르는 신앙의 수호자로 변모했습니다.

바울은 선교 여행을 시작하여 안디옥 고린도 에베소 로마와 같은 고대 세계의 중요한 도시들을 방문했습니다. 그는 파선 돌에 맞고 감옥에 갇히는 등 끊임없는 위험에 직면했지만, 그 무엇도 그리스도를 선포하려는 그의 결심을 막을 수 없었습니다. 바울이 방문하는 도시마다 새로운 영적 전쟁터가 되었습니다. 그분은 회당에 들어가 유대인들에게 설교하시면서 예수가 어떻게 성경의 약속에 성취인지를 설명하셨습니다. 거절에 직면했을 때 그분은 이방인들에게 말씀하시면서 구원은 모든 사람에게 주어질 수 있다고 선포하셨습니다. 교회에 보낸 편지에서 그는 은혜 믿음으로 말미암는 칭의 그리스도의 몸 안에서의 연합에 대한 심오한 가르침으로 신자들을 강화했다. 그리스도교의 성장에도 불구하고, 박해는 끊임없는 현실이었다.

5. 초대교회 스데반이 첫 번째 순교자였다.

유대 종교 지도자들과 로마 제국은 모두 교회를 위협으로 여겼다 그리스도인들은 로마의 신들이나 황제를 숭배하지 않는다는 이유로 불충성스럽다는 비난을 받았습니다. 많은 사람이 투옥되고 고문당하고 죽임을 당했습니다. 스데반이 첫 번째 순교자였지만 다른 많은 순교자들이 그 뒤를 따랐습니다. 그러나 박해는 교회를 파괴하기는커

녕 오히려 교회를 강화시켰다 순교의 모든 행위는 다른 사람들이 신앙을 따르도록 영감을 주는 강력한 증거였다. 박해를 받은 지도자들 중에는 바울 자신도 있었습니다. 그는 여러 차례 체포되었고 결국 로마로 압송되어 재판을 기다렸다 구금 중에도 그의 임무는 멈추지 않았습니다.

그는 계속해서 교회에 편지를 써서 그들을 격려하고 가르쳤다 로마서 에베소서 빌립 보서와 같은 그의 서신들은 오늘날까지 지혜와 희망으로 가득 찬 기독교 신앙의 기둥입니다. 그러는 동안에도 교회는 계속 성장하여 이제는 초기 제자들이 상상하지 못했던 곳에까지 이르렀습니다. 기독교인들은 주교 장로 집사와 같은 지도자들을 선출하여 영적 실제적 필요를 돌볼 수 있도록 공동체를 조직하기 시작했습니다. 그들은 함께 모여 예배를 드리고 주의 만찬을 함께 하고 경전을 공부했다. 어려움에도 불구하고, 그리스도의 몸으로 연합된 데서 오는 깊은 기쁨이 있었습니다. 이러한 확장은 베드로와 바울과 같은 지도자들만의 일이 아니었습니다. 평범한 남성과 여성들이 복음을 전파하는 데 결정적인 역할을 했다.

6. 초대교회 브리스 길라와 아굴라는 아볼로와 같은그들의 집을 개방했다.

브리스 길라와 아굴라는 아볼로와 같은 새로운 계종자들을 가르쳤고 교회 모임을 위해 그들의 집을 개방했다. 보라색 상인인 루디아는 유럽에서 교회의 문을 처음으로 연 사람 중 한 명입니다. 모든 그리스도인은 사회적 지위나 성별에 관계없이 하나님 나라에서 자신이 맡은 역할이 있다는 것을 이해했습니다. 로마 제국의 작은 속주에서 시작된 운동은 이제 지중해 저녁과 그 너머로 퍼져나갔습니다. 선국신 하신 말씀이신 예수의 메시지는 삶을 변화시키고 장벽을 허물고 있었습니다. 그러나 남은 질문은 교회가 어디까지 갈 것인가? 그리고 그리스도인들이 그토록 많은 역경에 직면하여 어떻게 이 메시지를 계속 전할 것인가? 하는 것이었다.

4과 우리 초대 교회의 특징

1. 오늘날에도 여전히 우리에게 능력을 주시고 계십니다.

이 역사를 돌이켜 볼 때 우리는 초대 교회를 특징 지었던 것과 같은 용기 연합 헌신을 가지고 있는지 성찰해야 합니다. 우리는 하나님의 왕국의 발전을 위해 안락과 안전을 기꺼이 희생할 것입니까? 여러분을 인도하셨던 바로 그 영이 오늘날에도 여전히 우리에게 능력을 주시고 계십니다. 문제는 우리가 그 부름에 응답할 준비가 되어 있느냐 하는 것입니다. 기독교가 로마 제국 전역과 그 너머로 퍼져나가면서 교회는 외부의 박해뿐만 아니라 내부의 도전 전에도 직면했습니다. 사도들과 교회 지도자들이 전한 예수의 메시지는 일부 사람들에 의해 의문이 제기되거나 왜곡되거나 오해되기 시작했다. 그러나 이러한 어려움 속에서도 초대 교회는 복음의 순수성을 보존하고 신자들 사이의 단합을 강화할 방법을 찾으며 굳건히 섰습니다.

첫 번째 큰 도전 중 하나는 교회 내에서 유대인과 이방인 사이의 관계에 대한 문제였습니다. 기독교로 개종한 많은 유대인들은 이방인들이 모세 율법을 따르지 않고도 구원받을 수 있다는 생각을 받아들이기 어려웠다 이방인들이 그리스도의 참된 추종자가 되기 위해 할례와 같은 유대인의 관습을 받아들일 필요가 있었는가 하는 의문이 생겼습니다. 이 갈등은 절정에 이르렀고 예루살렘 공의회에서 해결되어야 했다. 이 모임에서 베드로 바울 야고보를 비롯한 여러 지도자들이 이 문제를 논의했습니다. 베드로는 하나님께서 어떻게 이방인들에게 성령을 부어주시고 유대인의 관습을 따르라고 요구하지 않으셨는지를 증거했다.

어찌하여 우리 조상이나 우리가 감당할 수 없는 멍에를 제자들의 목에 매어 하나님을 시험하려 하느냐(사도행전 15장 10절). 야고보는 최후의 결단을 내리면서 이방인들이 구원받기 위해 유대 율법을 고수할 필요는 없지만, 그들의 믿음을 손상시킬 수 있는 이교 관습을 삼가야 한다고 선언하였다.

어찌하여 우리 조상이나 우리가 감당할 수 없는 멍에를 제자들의 목에 매어 하나님을 시험하려 하느냐(사도행전 15장 10절).

이 결의는 은혜로 말미암는 구원을 확증했을 뿐만 아니라 복음이 이방인들 사이에서 계속 전파될 수 있는 길을 열었습니다. 또 다른 주요 도전은 그리스도교 교리를 위협하는 이단의 부상이었다. 그노시스파와 같은 집단들이 교회에 침투하기 시작하면서 사도들이 전파한 소식보다 우월한 특별한 지식을 가지고 있다고 주장하였습니다. 그들은 예수의 인성과 신성에 대한 진리를 왜곡하고 그분이 육체로 오셨다는 사실을 부인했습니다.

이러한 거짓 교리에 맞서 요한과 바울과 같은 지도자들은 복음의 핵심 진리를 재확인하는 강력한 편지를 썼다 예수 그리스도께서 육체로 오셨다고 시인하는 모든 영은 하나님께 속한 사람입니다. 예수를 시인하지 아니하는 영마다 하나님께 속하지 아니하였느니라 요한일서사 이상 이러한 갈등이 발생함에 따라 교회의 영향력과 숫자도 계속 성장했다. 시간이 지남에 따라 기독교 공동체는 안디오 고린도 에베소 로마와 같은 주요 도시에 세워졌습니다. 이러한 교회들은 예배와 교육의 중심지가 되었을 뿐만아니라 연대의 모범이 되었습니다. 예루살렘 교회가 재정적인 어려움에 직면했을 때 이방 교회들은 함께 모여 헌금을 보내며 그리스도의 몸의 연합을 보여주었습니다.

2. 로마의 네로와 같은 황제 통치 아래서 그리스도인들은 불로 순교됐다.

하지만 박해는 가차 없이 계속되었습니다. 네로와 같은 황제의 통치 아래서 그리스도인들은 로마를 불태웠다는 비난을 받았고 잔인한 고문을 받았습니다. 많은 사람이 콜로스메 야수들에게 던져졌고 다른 사람들은 십자가에 못 박히거나 산 채로 불태워졌습니다. 그러나 이러한 폭력 행위가 교회를 침묵시키지는 못하였다. 사실 초기 기독교 작가 중 한 사람인 테르툴리아누스가 말했듯이 순교자의 피는 교회의 씨앗입니다. 죽음에 직면한 그리스도인들의 믿음과 용기는 다른 사람들이 그리스도의 메시지를 받아들이도록 영감을 주었습니다. 이 저항의 가장 상징적인 순간 중 하나는 바울과 베드로가 로마에서 체포되어 죽임을 당한 것입니다. 이 사도들은 감옥에 갇혀 있어도 계속 전파하고 글을 썼습니다.

특히 바울은 자신의 마지막 날을 사용하여 신자들이 굳게 서도록 격려했습니다. "내가 선한 싸움을 싸우고 달려갈 길을 마치고 믿음을 지켰더라"(디모데후서 4장 7절). 그의 삶과 죽음은 변화시키는 복음의 힘과 예수가 시작한 사명에 대한 확고한 헌신을 증거했다.

내가 선한 싸움을 싸우고 달려갈 길을 마치고 믿음을 지켰더라(디모데후서

4장7절).

그와 동시에 사랑받는 사도 요한은 밧모섬에서 유배 생활을 하는 동안 계시를 받았다. 요한계시록은 악에 대한 그리스도의 궁극적인 승리를 묘사할 뿐만 아니라 신자들이 박해 가운데서도 인내하도록 격려합니다.

보라 내가 속히 네 소유를 굳게 잡으라 누가 내 면류관을 빼앗지 못하리라(요한계시록 3장 11절). 이 희망의 메시지는 교회가 가장 어려운 상황에서도 사명을 굳건히 지킬 수 있게 해주었다

내가 속히 네 소유를 굳게 잡으라 누가 내 면류관을 빼앗지 못하리라(요한계시록 3장 11절).

그리스도교의 전파는 무력이나 정치적 영향력에 의해서가 아니라 예수의 부름에 대한 충실성에 의해의 특징 지어졌다 그리스도인들이 보여준 희생적인 사랑 다양성 속에서의 연합 역경에 직면한 용기는 변화시키는 성령의 능력의 반영이었다. 그들은 어려움에도 불구하고, "내가 내 교회를 세우리니 음부권세가 이를 이기지 못하리라"라는 예수의 약속이 여전히 참되다는 확신을 가지고 살았습니다(마태복음 16장 18절). 이 이야기는 여기서 끝나지 않습니다.

내가 내 교회를 세우리니 음부권세가 이를 이기지 못하리라(마태복음 16장 18절).

3. 예수님의 그 사명에 기꺼이 동참하자.

교회는 모든 민족에게 복음을 전하고 모든 세대의 도전에 대처하

도록 부름 받았다. 예루살렘의 작은 그룹으로 시작된 것이 세상을 변화시키는 힘이 되었습니다. 이제 남은 질문은 우리가 그 사명에 기꺼이 동참하고 초기 그리스도인들과 같은 열심과 헌신으로 살아가는가 하는 것입니다. 초대 교회의 성장은 도전과 핍박으로 점철되었지만 하나님의 신실하심과 변화시키는 성령의 능력에 대한 증거였습니다. 기독교가 계속 퍼져 나감에 따라 복음을 전파할 수 있는 새로운 기회가 생겨났지만 극복해야 할 새로운 장벽도 생겨 당시는 신앙이 굳건해지고, 교리적 기초를 세우며 반대 속에서도 인내하는 시기였습니다.

베드로와 바울과 같은 사도들이 사망한 후 교회의 지도력은 복음을 가르치고 수호하는 일을 계속하던 다른 충실한 남성과 여성들에게 넘어갔다 교부로 알려진 이 지도자들은 점증하는 위협에 직면하여 진리를 보존하는 데 결정적인 역할을 했습니다. 성경이 아직 널리 보급되지 않았던 시기에 그의 편지 설교 소책자는 신자들의 신앙을 강화하고 예수가 제시한 길에서 교회를 멀어지게 하려는 이단과 싸우는 데 도움이 되었습니다. 가장 시급한 질문 중 하나는 예수가 실제로 누구인지에 대한 정의였습니다. 일부 종파는 그의 신성을 부인하기 시작했고, 다른 종파는 그의 인간성에 의문을 제기했습니다.

이에 대해 교회 지도자들은 사도들이 가르친 진리 즉 예수는 완전한 하나님이시며 완전한 사람이셨으며 영원한 경건과 구속받은 인성 사이에 완전한 연합이심을 강조했다. 이러한 논쟁은 나중에 교회를 통합하고 인도하는 데 사용될 신조의 공식화로 이어졌습니다. 교회가 교리적 순수성을 지키기 위해 고군분투하는 동안 박해는 계속되었다. 도미티아누스와 데키우스와 같은 황제 치하에서 그리스도인들은 믿음을 포기하거나 죽음을 맞이하는 것 중 하나를 선택하도록 강요받았습니다. 많은 사람들이 황제를 숭배하거나 이교신들에게 제물을 바치기를 거부한다는 이유로 순교당했습니다. 그러나 모든 순교는 강력한 간증이 되었습니다.

이 신앙을 가진 남성과 여성들의 이야기는 널리 퍼져나가 다른 사람들에게 죽음 앞에서도 굳건히 서도록 영감을 줍니다. 서머나의 주교이자 사도 요한의 제자인 폴리카르푸스였습니다. 그가 법정에 소환되어 그리스도를 부인하라는 권고를 받았을 때 그는 나는 86년 동안 그리스도를 섬겨왔고 그분은 결코 나를 해치지 않으셨습니다. 내가 어찌 나를 구원해 주신 나의 왕을 모독할 수 있겠는가 그분이 처형되기 전에 하신 이 말씀은 그리스도인들 사이에 울려 퍼져 그들의 믿음과 용기를 강화시켜 주었습니다. 역경 속에서도 교회는 성장을 경험하고 있었다. 복음 소식은 문화와 언어의 경계를 넘어 새로운 지역에 전해졌습니다.

기독교는 북아프리카와 같은 지역에서 자리를 잡기 시작했으며 테르툴리아누스와 같은 인물들이 영향력 있는 지도자로 부상했습니다. 그들은 이단에 맞서 신앙을 수호했을 뿐만 아니라 향후 수 세기 동안 교회를 지탱할 신학을 형성하는 데 도움을 주었습니다. 게다가 그리스도교는 예상치 못한 집단에서 신자들을 얻기 시작했다. 로마 당국의 탄압 시도에도 불구하고, 예수의 소식은 군인과 통치자 엘리트들 사이에서도 반향을 일으켰습니다. 그 이유는 복음이 당시의 어떤 철학이나 종교도 제공할 수 없는 것 즉 영생과 하나님과의 화해에 대한 약속에 기초한 참된 희망을 제공했기 때문입니다. 하지만 이러한 확장으로 인해 새로운 문제가 생겼습니다.

4. 그리스도교가 퍼져나감에 따라 세례 의식, 주의 만찬거행은 자리를 잡기 시작했다.

그리스도교가 퍼져나감에 따라 더 큰 조직과 교리적 명확성의 필요성이 대두되었다. 이 시기에는 세례 의식 주의 만찬 거행 교회의 리더십 구조가 자리를 잡기 시작했다. 주교 장로 부재는 기독교 공동체를 관리하는 데 중요한 역할을 맡아 가르침이 예수의 메시지에 충실하고 신자들의 필요가 충족되도록 했습니다. 교회가 계속 성장하고 핍박에 직면함에 따라 기독교 역사의 흐름을 바꾸려는 변혁적인 사건이 일어났습니다. 4세기 초에 콘스탄티누스 황제는 기독교를 개인적인 신앙으로 받아들이도록 이끈 비전을 가지고 있었습니다. 서기 313년 그는 밀라노 칙령을 발표하여 기독교인들에게 종교의 자유를 보장하고 수세기에 걸친 박해를 종식시켰습니다.

사상 처음으로 교회가 보복에 대한 두려움 없이 공개적으로 운영될 수 있게 된 것이다. 하지만 교회와 국가 사이의 새로운 관계는 그 자체로 도전들을 가져왔다. 기독교가 로마 제국의 공식 종교가 되면서 권력 순수성 신앙에 대한 헌신에 대한 의문이 생기기 시작했습니다. 많은 그리스도인은 제국과의 동맹이 겸손과 핍박 속에서 탄생한 교회의 본질을 손상시키는 것은 아닐까 궁금해했다. 이러한 긴장은 교회가 영적 사명과 접증하는 정치적 영향력 사이에서 균형을 잡으려고 노력하던 다음 세기를 특징지었다. 초대 교회의 궤적은 하나님의 신실하심과 변화시키는 복음의 능력에 대한 증거입니다.

박해와 이단 문화적 도전 속에서도 예수의 메세지는 계속해서 앞으로 나아가며 삶을 변화시키고 역사의 흐름을 형성했습니다. 이러한 성장의 각 단계는 하나님의 나라가 인간의 힘이나 능력에 의해 세워지는 것이 아니라 하나님의 영에 의해 세워진다는 것을 상기시켜 줍니다. 이 역사를 성찰하면서 우리는 오늘날 우리의 역할을 숙구하도록 부름받았습니다. 예수의 메시지는 변함이 없고 초대 교회에 능력을 주신 성령은 지금도 역사하고 계십니다. 우리는 여전히 복음이 절실히 필요한 세상에서 같은 빛을 전하는 자가 되고자 합니까? 첫 제자들이 두려움과 기대 속에 모였던 초라한 다락방에서 시작된 교회는 4세기 말에 도착하여 세상의 진로를 형성하는 세력으로 변모했습니다.

그 시점부터 기독교는 박해와 도전을 견뎌냈을 뿐만 아니라 번성하여 로마 제국 전역과 그 너머로 퍼져 나갔습니다. 그러나 신앙의 성장과 제도화와 함께 교회의 정체성 순수성 사회에서의 역할에 대한 새로운 질문이 제기되었습니다. 가장 두드러진 변화는 콘스탄티누스 황제의 즉위와 함께 일어났다. 그가 그리스 도교를 합법적인 종교로 선언하고 나중에 그것을 제국의 공식 종교로 선호했을 때 교회는 비교적 평화롭고 안정된 시기에 접어들었다 사상 처음으로 기독교인들은 보복에 대한 두려움 없이 자유롭게 예배를 드리고 교회를 세우고 신앙을 나눌 수 있게 되었습니다. 그러나 이러한 변화는 권력의 유혹이라는 새로운 종류의 도전을 가져왔습니다.

국가의 지원을 바다 교회는 영향력 있는 기관이 되었으며 진실한 신자들뿐만 아니라 지위와 명성을 추구하는 사람들도 끌어들였습니다. 영적인 문제들이 정치적인 관심사와 얽히기 시작했고, 많은 사람들은 초대 교회의 단순함과 열정이 세속적인 야망으로 대체되는 것을 두려워했습니다. 그럼에도 불구하고, 많은 신실한 지도자들이 신앙의 온전함을 보호하고 이러한 변화를 통해 하나님의 백성을 이끌기 위해 일어섰습니다. 그 후 몇 세기 동안은 대대적인 신앙 논쟁과 그리스도교 교리의 강화로 특징 지어졌습니다. 주후 325년에 열린 니케아 공의회와 같은 공의회는 신앙의 중심 진리를 정의하는 데 결정적인 역할을 했습니다.

5. 로마시대 리케아 선언은 예수그리스도가 하나님 아버지와 같은 본질이라는 유명한 주장과 함께 기독교 신학 역사의 이정표가 되었다.

이 공의회에서 교회는 예수회 신성과 성부와의 일치를 재확인하고 이 진리를 부인하는 아리우스 주의와 같은 이단에 맞서 싸웠다. 리케아 선언은 예수가 아버지와 같은 본질이라는 유명한 주장과 함께 기독교 신학 역사의 이정표가 되었습니다. 동시에 교회는 성경을 번역하고 보존하는 기념비적인 임무에 직면했습니다. 제롬과 같은 지도자들은 이 사명의 평생을 바쳐 불가타역과 같은 번역본을 만들어 당시 공용어인 라틴어로 성경을 읽을 수 있게 했습니다. 구전으로 전해지고, 양피지에 기록되던 하느님의 말씀은 이제 더욱 널리 퍼져 수많은 사람들의 영적 생활을 틀 잡는 데 도움이 되고 있었습니다. 한편, 선교사들은 로마 제국의 국경 너머로 복음을 전하기 시작했다.

용감한 남성과 여성들은 미지의 땅으로 여행하며 위험과 희생을 무릅쓰고 그리스도의 메시지를 선포했습니다. 예를 들어 패트릭은 아일랜드의 기독교를 전하는 장본인 중 한 명이며 서켄터베리의 어

거스티는 영국의 개종에 중요한 역할을 했습니다. 이러한 선교사업은 신앙의 씨앗을 심었고 그 씨앗은 앞으로 수 세기 동안 계속 성장하고 번성하게 되었습니다. 하지만 그리스도교의 확산은 분열과 분쟁도 함께 가져왔습니다. 통일된 공동체로 시작된 교회는 교리 권위 관행에 대한 분열과 의견 불일치에 직면하기 시작했다. 가장 중요한 것 중 하나는 서방 교회와 동방 교회 사이의 분열이었는데. 이는 주후 1054년에 대분열로 절정에 달했습니다.

6. 주후1054년에 서방 교회와 동방 교회 사이의 분열이 있었다

이러한 분열에도 불구하고, 예수메시지의 핵심 즉 회개 신앙 무조건적인 사랑에 대한 부르심은 변하지 않았습니다. 교회가 서구 세계에서 지배적인 세력으로 자리 잡으면서 또 다른 현실이 나타났는데 그것은 바로 그리스도의 재림에 대한 약속이었다. 기독교 신앙의 초창기부터 신자들은 예수가 영원한 왕국을 세우기 위해 다시 오실 것이라는 기대를 가지고 살아왔습니다. 이 희망은 단지 먼 미래의 생각이 아니었다 그것은 충실함과 목적을 가지고 살고자 하는 매일의 동기가 되었습니다. 보라 내가 속히 오리라 이 책의 예언의 말씀을 지키는 자는 복이 있도다. 요한계시록 2장 22절 교회의 역사는 궁극적으로 하나님의 신실하심의 역사입니다.

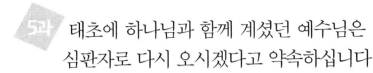

태초에 하나님과 함께 계셨던 예수님은 심판자로 다시 오시겠다고 약속하십니다

이 책의 예언의 말씀을 지키는 자는 복이 있도다(요한계시록 2장 22절).

1. 세상 끝날까지 우리와 함께 하시겠다고 약속 하십니다.

예수께서 승천하신 때부터 오늘날에 이르기까지 세상 끝날까지 우리와 함께 하시겠다는 약속은 변함이 없습니다. 오순절의 제자들에게 내려오신 성령께서는 계속해서 그의 백성들을 인도하시고 위로하시고 강하게 하십니다. 미래를 내다볼 때 우리는 이천 년 전에 시작된 사업을 계속해야 한다는 도전을 받고 있습니다.

초기 기독교인들이 박해와 의심 문화적 도전에 직면했던 것처럼 우리도 여전히 복음이 절실히 필요한 세상에서 용기와 신앙으로 살아가라는 부름을 받았다. 처음부터 울려 퍼지는 질문은 다음과 같습니다. 우리는 기꺼이 십자가를 지고 예수를 따르며 그분이 다시 오실 때까지 그분의 진리와 사랑을 선포할 것인가? 태초에 하나님과 함께 계셨던 말씀은 여전히 우리 곁에 계십니다.

그분은 어제나 오늘이나 영원토록 동일하십니다. 그리고 그분이 약속하신 대로 그분은 언젠가 더 이상 희생의 어린 양이 아니라 승리하는 왕의 모습으로 재림하셔서 영원한 왕국을 세우실 것입니다. 우리의 신앙이 헛되지 않았으며 그리스도 안에서 이미 승리를 거두었다는 것을 확신하면서 그 희망을 가지고 살기를 바랍니다. 성육신 전 중 그리고 성육신 후의 예수의 이야기는 인류의 대한 하나님의 비할 데 없는 사랑에 대한 증거입니다.

태초부터 존재하셨던 영원한 말씀이신 그분께서는 우리를 구속하시기 위해 인간의 모습으로 이 땅에 내려오기로 선택하셨습니다. 그분의 삶과 죽음과 부활은 역사의 한 획을 그었을 뿐만 아니라 하나님과 인간 사이에 새로운 언약을 맺는 길을 닦았습니다.

2. 예수님은 다시 오시겠다고 약속하십니다.

만물이 창조된 때부터 오늘날까지 예수는 하나님의 구속 계획에 중심입니다. 그분은 우리 가운데 거하셨을 뿐만 아니라 성령을 통해 여전히 임지하시며 그분을 믿는 모든 사람을 인도하고, 강하게 하십니다. 다시 오시겠다는 그분의 약속은 우리에게 희망과 목적을 주며 이야기가 아직 끝나지 않았다는 것을 상기시켜 줍니다. 이 여정은 우리에게 감사와 신앙으로 살도록 도전하며 예수께서 보여주신 사랑 연민 진리를 우리 삶에 반영하도록 도전합니다. 우리는 그분의 기쁜 소식을 세상에 선포하도록 부름받았으며 죄와 죽음에 대한 그분의 승리가 우리의 승리이기도 하다는 확신 안에서 살아갑니다.

보라 내가 속히 오리니 이 말씀을 지키는 자는 복이 있도다(요한계시록2장 22절). - 아멘 -

3부

유일한 구원자 예수 그리스도

1과 유일한 구원자 예수 그리스도

1. 예수님은 하나님이 보내신 유일한 구원자이십니다.

1)예수님의 증언

예수께서 이르시되 내가 곧 길이요 진리요 생명이니 나로 말미암지 않고는 아버지께로 올 자가 없느니라(요한복음 14:6).

2)베드로의 증언

다른 이로써는 구원을 받을 수 없나니 천하 사람 중에 구원을 받을만한 다른 이름을 다른 이름을 우리에게 주신 일이 없음이라 하였더라(사도행전 4:12)

2. 예수님이 완전한 자격을 갖추신 구원자이심을 무엇으로 알 수 있습니까?

1)그는 하나님이시다.

태초에 말씀이 계시니라 이 말씀이 하나님과 함께 계셨으니 이 말씀은 곧 하나님이시라(요한복음 1:1).

2) 그는 사람이시다.

말씀이 육신이 되어 우리 가운데 거하시매 우리가 그의 영광을 보니 아버지의 독생자의 영광이요 은혜와 진리가 충만하더라(요한복음 1:14).

3) 그러나 죄는 없으시다.

그가 우리 죄를 없애려고 나타나신 것을 너희가 아나니 그에게는 죄가 없느니라(요한일서 3:5).[1]

3. 예수님은 우리를 구원하기 위해 어떻게 하셨습니까?

1) 십자가의 죽음

그리스도께서 우리를 위하여 저주를 받은 바 되사 율법의 저주에서 우리를 속량하셨으니 기록된 바 나무에 달린 자마다 저주 아래 있는 자라 하였음이라(갈라디아서 3:13).

2) 부활의 승리

예수는 우리가 범죄한 것 때문에 내줌이 되고 또한 우리를 의롭다 하시기 위하여 살아나셨느니라(로마서 4:250).

3) 승천의 영광

주 예수께서 말씀을 마치신 후에 하늘로 올려지사 하나님 우편에 앉으시니라(마가복음 16:19).

---

1) 옥한흠, 『유일한 구원자 예수 그리스도』(서울: 국제제자훈련원, 2023), 12-14.

4. 예수 그리스도를 믿는 자에게 주시는 하나님의 선물은 무엇입니까?

1) 집안 구원

주 예수를 믿으라 그리하면 너와 네 집이 구원을 받으리라(사도행전 16:31).

2) 하나님의 자녀 되는 권세

"영접하는 자 곧 그 이름을 믿는 자들에게는 하나님의 자녀가 되는 권세를 주셨으니"(요한복음 1:12).

3) 영생 얻음

"진실로 진실로 너희에게 이르노니 믿는 자는 영생을 가졌나니"(요한복음 6:47).[2]

---

2) 옥한흠, 『유일한 구원자 예수 그리스도』, 14-16.

믿음을 소유한자가 누릴 축복

1. 참믿음의 대상은 누구이며 그 내용은 무엇입니까?

1)믿음의 대상

"시몬 베드로가 대답하여 이르되 주는 그리스도시요 살아 계신 하나님의 아들이시니이다"(마태복음 16:16).[3]

2)믿음의 내용

"네가 만일 네 입으로 예수를 주로 시인하며 또 하나님께서 그를 죽은 자 가운데서 살리신 것을 네 마음에 믿으면 구원을 받으리라" (로마서 10:9).

2. 믿음과 구원의 관계를 설명하고 그 중요성에 대해 살펴봅시다.

1)믿음과 구원의 관계

"사람이 마음으로 믿어 의에 이르고 입으로 시인하여 구원에 이르느니라"(로마서 10:10).

---

3) 옥한흠, 『유일한 구원자 예수 그리스도』, 21.

2) 중요성

"너희는 그 은혜에 인하여 믿음으로 말미암아 구원을 받았나니 이것은 너희에게서 난 것이 아니요 하나님의 선물이라 행위에서 난 것이 아니니 이는 누구든지 자랑하지 못하게 함이라"(에베소서 2:8~9).

3. 믿음은 돌아서는 결단이며 자신을 전 인격적으로 내맡기는 행위입니다. 당신의 믿음은 어떻습니까?

1) 결단

"이 세상이나 세상에 있는 것들을 사랑하지 말라 누구든지 세상을 사랑하면 아버지의 사랑이 그 안에 있지 아니하니"(요한일서 2:15).

2) 위탁

"예수께서 그를 보시고 이르시되 재물이 있는 자는 하나님의 나라에 들어가기가 얼마나 어려운지 낙타가 바늘귀로 들어가는 것이 부자가 하나님의 나라에 들어가는 것보다 쉬우니라"(누가복음 18:24~25).[4]

4. 참 믿음을 소유한 자가 누릴 축복은 무엇입니까?

---

4) 옥한흠, 『유일한 구원자 예수 그리스도』, 21-23.

1) 기쁨과 평강을 누림

"소망의 하나님이 모든 기쁨과 평강을 믿음 안에서 너희에게 충만하게 하사 성령의 능력으로 소망이 넘치게 하시기를 원하노라"(로마서 15:13).

2) 기도 응답

"너희가 기도할 때에 무엇이든지 믿고 구하는 것은 다 받으리라 하시니라"(마태복음 21:22).

3) .하나님 앞에 당당히 나아감

"우리가 그 안에서 그를 믿음으로 말미암아 담대함과 확신을 가지고 하나님께 나아감을 얻느니라"(에베소서 3:12).

4) .신앙생활의 승리

"모든 것 위에 믿음의 방패를 가지고 이로써 능히 악한 자의 모든 불화살을 소멸하고"(에베소서 6:16).5)

---

5) 옥한흠, 『유일한 구원자 예수 그리스도』, 23-24.

3과 어떻게 하면 신앙생활을 잘할 수 있는가?

1. 하나님이 기뻐하시는 신앙생활을 하기 위해 당신에게 필요한 것과 주의해야 할 것은 무엇입니까?

너희에게 인내가 필요함은 너희가 하나님의 뜻을 행한 후에 약속하신 것을 받기 위함이라 잠시 잠깐 후면 오실 이가 오시리니 지체하지 아니하시리라 나의 의인은 믿음으로 말미암아 살리라 또한 뒤로 물러가면 내 마음이 그를 기뻐하지 아니하리라 하셨느니라 우리는 뒤로 물러가 멸망할 자가 아니요 오직 영혼을 구원함에 이르는 믿음을 가진 자니라. 히브리서 10:36~39

2. 신앙생활을 방해하는 다음 몇 가지를 생각해보고, 그 외에 또 어떤 것들이 있는지 나누어보십시오

1) 돈

돈을 사랑함이 일만 악의 뿌리가 되나니 이것을 탐내는 자들은 미혹을 받아 믿음에서 떠나 많은 근심으로써 자기를 찔렀도다. —디모데전서 6:10).

2) 교만

옳도다 그들은 믿지 아니하므로 꺾이고 너는 믿으므로 섰느니라 높은 마음을 품지 말고 도리어 두려워하라(로마서 11:20).

3)명예

너희가 서로 영광을 취하고 유일하신 하나님께로부터 오는 영광은 구하지 아니하니 어찌 나를 믿을 수 있느냐(요한복음 5:44).

3. 신앙생활을 잘하기 위한 다음의 적극적인 방법들에 대해 나누고 당신의 삶에 적용해보십시오.

1)하나님 중심의 삶

"우리가 살아도 주를 위하여 살고 죽어도 주를 위하여 죽나니 그러므로 사나 죽으나 우리가 주의 것이로다"(로마서 14:8).

2)말씀

"예수께서 대답하여 이르시되 기록되었으되 사람이 떡으로만 살 것이 아니요 하나님의 입으로부터 나오는 모든 말씀으로 살 것이라 하였느니라 하시니"(마태복음 4:4).

3)기도

기도를 계속하고 기도에 감사함으로 깨어 있으라(골로새서 4:2).

4)교제

날마다 마음을 같이하여 성전에 모이기를 힘쓰고 집에서 떡을 떼며 기쁨과 순전한 마음으로 음식을 먹고 하나님을 찬미하며 또 온 백성에게 칭송을 받으니 주께서 구원 받는 사람을 날마다 더하게 하시니라(사도행전 2:46~47).

5) 전도

너희는 온 천하에 다니며 만민에게 복음을 전파하라(마가복음 16:15).

6) 봉사

그러므로 내 사랑하는 형제들아 견실하며 흔들리지 말고 항상 주의 일에 더욱 힘쓰는 자들이 되라 이는 너희 수고가 주 안에서 헛되지 않은 줄 앎이라(고린도전서 15:58).

4. 주님과의 만날 약속

유일한 구원자 예수 그리스도 입니다[6]

---

6) 옥한흠, 『유일한 구원자 예수 그리스도』, 30-33.

4과 성경은 하나님의 말씀이다.

1. 성경의 저자는 누구입니까?

1)성경의 영감설

"모든 성경은 하나님의 감동으로 된 것으로..."(디모데후서 3:16).

2)성경의 해석

"먼저 알 것은 성경의 모든 예언은 사사로이 풀 것이 아니니 예언은 언제든지 사람의 뜻으로 낸 것이 아니요 오직 성령의 감동하심을 받은 사람들이 하나님께 받아 말한 것임이라"(베드로후서 1:20~21).

2. 신구약 성경의 주제는 무엇이며, 이 두 성경의 차이점은 무엇입니까?

"옛적에 선지자들을 통하여 여러 부분과 여러 모양으로 우리 조상들에게 말씀하신 하나님이 이 모든 날 마지막에는 아들을 통하여 우리에게 말씀하셨으니..."(히브리서 1:1~2).

3. 하나님께서 성경을 주신 목적은 무엇입니까?

1)구원

"오직 이것을 기록함은 너희로 예수께서 하나님의 아들 그리스도이심을 믿게 하려 함이요 또 너희로 믿고 그 이름을 힘입어 생명을 얻게 하려 함이니라"(요한복음 20:31).

2)신앙생활의 지침

"모든 성경은 하나님의 감동으로 된 것으로 교훈과 책망과 바르게 함과 의로 교육하기에 유익하니 이는 하나님의 사람으로 온전하게 하며 모든 선한 일을 행할 능력을 갖추게 하려 함이라"(디모데후서 3:16~17).[7]

4. 성경에 대한 신자의 태도는 어떠해야 합니까?

"이 예언의 말씀을 읽는 자와 듣는 자와 그 가운데에 기록한 것을 지키는 자는 복이 있나니 때가 가까움이라"(요한계시록 1:3).

---

7) 옥한흠, 『유일한 구원자 예수 그리스도』, 39-40.

5과 성경은 이렇게 구성되어 있다.

1. 구약

모세오경 : 창세기, 출애굽기, 레위기, 민수기, 신명기

역사서 : 여호수아, 사사기, 룻기, 사무엘상, 사무엘하, 열왕기상, 열왕기하, 역대상, 역대하, 에스라, 느헤미야, 에스더

시가서 : 욥기, 시편, 잠언, 전도서, 아가

예언서 : 이사야, 예레미야, 예레미야애가, 에스겔, 다니엘, 호세아, 요엘,

아모스, 오바댜, 요나, 미가, 나훔, 하박국, 스바냐, 학개, 스가랴, 말라기

2. 신약

공관복음 : 마태복음, 마가복음, 누가복음

사복음서 : 마태복음, 마가복음, 누가복음, 요한복음

역사서 : 사도행전

바울서신 : 로마서, 고린도전서, 고린도후서, 갈라디아서, 에베소서, 빌립보서, 골로새서, 데살로니가전서, 데살로니가후서, 디모데전서, 디모데후서, 디도서, 빌레몬서, 히브리서

공동서신 : 야고보서, 베드로전서, 베드로후서, 요한일서, 요한이서, 요한삼서, 유다서

예언서 : 요한계시록[8]

---

8) 옥한흠, 『유일한 구원자 예수 그리스도』, 41-42.

6과 교회의 참 중요성

1. 교회는 누가 세우셨습니까?

1)"또 내가 네게 이르노니 너는 베드로라 내가 이 반석 위에 내 교회를 세우리니 음부의 권세가 이기지 못하리라"(마태복음 16:18).

2) "너희는 사도들과 선지자들의 터 위에 세우심을 입은 자라 그리스도 예수께서 친히 모퉁잇돌이 되셨느니라"(에베소서 2:20).

3)"여러분은 자기를 위하여 또는 온 양 떼를 위하여 삼가라 성령이 그들 가운데 여러분을 감독자로 삼고 하나님이 자기 피로 사신 교회를 보살피게하셨느니라"(사도행전 20:28).

2. 교회를 나타내는 또 다른 말은 무엇입니까?

"고린도에 있는 하나님의 교회 곧 그리스도 예수 안에서 거룩하여지고 성도라 부르심을 받은 자들과 또 각처에서 우리의 주 곧 그들과 우리의 주 되신 예수 그리스도의 이름을 부르는 모든 자들에게"(고린도전서 1:12).9)

3. 예수님을 믿으면 누구든지 자연적으로 교회의 일원이 됩니다. 그 이유는 무엇입니까?

1) 예수님과 성도의 관계

▪ 그는 몸인 교회의 머리시라… (골로새서 1:18).

▪ 너희는 그리스도의 몸이요 지체의 각 부분이라(고린도전서 12:27).

2) 성도와 성도의 관계

▪ "몸 가운데서 분쟁이 없고 오직 여러 지체가 서로 같이 돌보게 하셨느니라"(고린도전서 12:25).

4. 교회가 해야 하는 중요한 일은 무엇입니까?

"그러므로 너희는 가서 모든 민족을 제자로 삼아 아버지와 아들과 성령의 이름으로 세례를 베풀고 내가 너희에게 분부한 모든 것을 가르쳐 지키게 하라 볼지어다 내가 세상 끝날까지 너희와 항상 함께 있으리라"(마태복음 28:19~20).[10]

---

9) 옥한흠, 『유일한 구원자 예수 그리스도』, 47-48.
10) 옥한흠, 『유일한 구원자 예수 그리스도』, 49.

4부

교회를 향한 예수님의 마지막 경고 말씀

교회를 향한 예수님의 마지막 경고 명령

1. 예수께서 가라사대 내가 심판하러 이 세상에 왔노라(요한복음 9장39절).

예수님은 요한계시록에서 소아시아의 도시들에게 일곱 통의 편지를 보내셨다. 오늘날의 교회는 하나님이 단지 세상과 문화 전쟁을 벌이게 하려고 자기 백성을 부르지 않으셨다는 사실을 올바로 이해해야 할 필요가 있다. 이 점을 잠시 생각해 보자. 성경의 마지막 책인 이 책에서, 주님은 '문화를 새롭게 하라.'는 사명을 교회에게 요구하지 않으셨다.

주님은 자기 백성에게 정치적인 영향력을 발휘해 도덕성을 확립하라거나 부도덕한 사람들의 통치에 저항하라고 명령하시지도 않으셨다. 그분은 사회혁명을 시도하거나 정치 전략을 고안하지 않으셨다. 우리의 의무는 파상적인 차원에서 '세상 나라를 하나님께로 돌이키게 만들려고' 애쓰는 일종의 침략군처럼 일시적인 승리를 구현하는 데 있지 않다.

우리는 우리 조상들의 도덕성이 한때 이를테면 미국을 '기독교 국가'로 만들었다는 환상에서 벗어나야 할 필요가 있다. 그 어느 때에도 기독교 국가는 없었다. 오직 그리스도인들만이 존재 했을 뿐이다. 한 국가 내에서 정치사회적으로 일어나는 일들은 하나님 나라의 발전이나 권세와는 아무런 관계가 없다.

문화적인 변화 때문에 하나님 나라의 성장이 가속화되거나 저해되는 법은 없다(마 16:18 참조). 본질적으로 그리스도의 나라는 '이 세상에 속하지 않는다'(요 18:36).[11]

신자들은 법이 아닌 삶을 변화시키는 일에 모든 힘과 노력을 쏟아부어야 한다. 하나님 나라의 사역은 정부를 개혁하거나 법률을 고치거나 기독교적 유토피아가 구현된 사회를 건설하는 것을 목표로 하지 않는다. 정치사회적인 정의를 실현하려는 노력은 사회의 도덕적인 타락에 대한 단기적이고 피상적인 해결책에 지나지 않는다. 죄인인 인간을 영원한 죽음에서 구원할 수 있는 것은 오직 주 예수 그리스도를 믿는 믿음뿐이다.

도덕은 구원에 무능하다. 도덕은 그 자체로는 해결책이 못된다. 도덕은 돌 같은 마음을 부드러운 마음으로 바꿀 수도 없고, 죄의 사슬을 깨뜨릴 수도 없으며, 하나님과 우리를 화목하게 만들 수도 없다. 그런 점에서 도덕은 사이비 종교만큼이나 구원에 무능하다.

예수님은 겉으로 볼 때 가장 종교적이고 도덕적인 사람들, 특히 제사장, 서기관, 율법학자들과 정면으로 맞서셨다. 그분은 "나는 의인을 부르러 온 것이 아니요 죄인을 부르러 왔노라"(막 2:17)라고 말씀하셨고, 마태복음 23장에서는 당시의 종교적인 우파 세력이었던 바리새파 사람들을 혹독하게 꾸짖으셨다.

그들은 이스라엘 민족 가운데서 하나님의 율법을 꼼꼼하게 지키고, 랍비의 전통을 충실하게 따랐던 가장 경건한 사람들이었다.

예수님은 그런 그들에게 "화 있을진저 외식하는 서기관들과 바리

---

11) 존 맥아더, 『현대교회를 향한 예수님의 마지막 경고』 조계광 역, (서울: 생명의말씀사, 2019), 4~5.

새인들이여"(13절)라고 말씀하셨다.12)

'화 있을진저'는 '저주가 있을진저'라는 말과 똑같다. 그분은 이 말을 거듭 되풀이하셨다. 그들은 자신들의 공허하고 형식적인 도덕으로 이스라엘 백성을 그릇 인도했기 때문에 예수님은 그들을 "눈 먼 인도자"(16절)라고 일컬으셨다. 사회적인 변화나 도덕주의는 구약 시대 선지자들의 메시지가 아니었다.

그런 것들은 메시아나 신약 성경 저자들의 메시지도 아니었다. 세상을 향한 하나님의 메시지는 그런 것들과는 전혀 무관하다. 이사야는 "우리의 의는 다 더러운 옷 같으며"(사 64:6)라고 말했다. 인간의 도덕은 제아무리 훌륭해도 더럽고 추한 누더기와 같을 뿐이다. 더욱이 로마서는 "의인은 없나니 하나도 없으며…선을 행하는 자는 없나니 하나도 없도다"(3:10~12)라고 말씀한다.

인간이 지닌 형식적인 의나 피상적인 도덕성은 한 갓 가식에 지나지 않는다. 겉으로 아무리 경건한 것처럼 보여도 의로운 사람은 아무도 없다. 물론 사람들은 나름대로 삶의 변화를 꾀할 능력이 있다. 사람들은 위기의 순간이 닥치면 부도덕한 행위나 그릇된 중독에서 돌이켜 좀 더 나은 삶을 살기 시작한다. 인간의 특별한 노력과 결심으로 어느 정도는 개과천선이 가능하다.

그렇게 하는 사람들이 충분히 많으면 인간 사회의 도덕성은 약간 상승할 수 있다. 그러나 그런 행동의 변화만으로는 하나님과의 관계를 회복할 수 없다.

그것은 죄의 속박에서 벗어나 그리스도의 왕국으로 들어가게 만드는 수단이 아니다. 도덕적으로 아무리 뛰어나다 해도 고작 단죄당한

---

12) 존 맥아더, 『현대교회를 향한 예수님의 마지막 경고』, 5~7.

바리새인들처럼 될 뿐이다. 도덕은 그 누구도 죄에서 구원할 수 없고, 참된 경건에 이르게 하지도 못한다. 바리새인들이나 창기들이나 지옥에 가기는 마찬가지다.[13]

에베소서 5장 16, 17절은 "세월을 아끼라 때가 악하니라 그러므로 어리석은 자가 되지 말고 오직 주의 뜻이 무엇인가 이해하라"고 권고한다. 주의 뜻은 사회적 형평성이나 제도화된 바리새주의가 지배하는 문화와는 아무런 상관이 없다.

2. 교회의 참된 소명

우리의 선교 현장을 원수의 손에 내어주는 것은 하나님의 뜻이 아니다. 그리스도인들은 마땅히 죄를 거부하고, 죄가 거룩하신 하나님을 대적하는 것이라고 분명하게 선언해야 한다. 낙태, 동성애, 난교 행위 등, 오늘날의 부패한 문화가 우리에게 요구하는 모든 것이 죄에 포함된다. 그런 죄에 온통 물든 문화는 격렬한 항의나 정치적 해법만으로는 옳게 바로 잡기가 불가능하다.

도덕적으로 파산한 문화를 법을 바꿔 새롭게 혁신할 수 있다는 생각은 헛된 망상이다. 타락한 죄인들을 의롭게 만들 수 있는 법은 존재하지 않는다(갈 2:21 참조).

디모데는 오늘날의 문화만큼 부패한 문화 속에서 사역했다.

바울이 제자 디모데에게 가르친 교훈 가운데 문화를 변혁하라고 말한 내용은 어디에도 없다.[14]

---

13) 존 맥아더, 『현대교회를 향한 예수님의 마지막 경고』, 7~8.

오히려 그는 디모데에게 상황이 더욱 나빠질 것이라고 말했다(딤후 3:13).

타락한 세상 사람들에게 필요한 것은 오직 복음뿐이다. 그들은 죄를 용서받을 수 있고, 죄의 사슬과 세상의 속박으로부터 자유롭게 될 수 있는 길이 있다는 복음을 들어야 한다. 신자들은 타락한 죄인들을 멸시하거나 혐오해서는 안 된다. 우리는 세상 사람들의 정치나 도덕성을 질타하기보다 그들을 향한 그리스도의 사랑을 나타내야 한다.

우리는 요나가 니느웨 백성들에게 했던 것처럼 세상 사람들에게 구원의 복음을 전하지 않을 권리가 없다. 우리는 우리가 하나님의 사랑을 기꺼이 전할 만큼 그들을 뜨겁게 사랑하고 있다는 것을 보여주어야 한다. 죄는 거룩한 분노로 증오해야 마땅하지만 죄인들은 깊이 동정해야 한다. 심지어 그리스도께서도 죄인들을 위해 눈물을 흘리셨다.

세상은 세상이기 때문에 항상 부패할 수밖에 없다. 교회는 온전한 진리로 세상과 맞서야 한다. 많은 교회가 속된 오락과 저급한 여흥거리로 진정한 문제를 의식하지 못하게 하거나 인간의 노력으로 세상을 구원할 수 있다는 생각으로 불신자들의 행위를 정당화하고 있는 상황에서, 그리스도인들이 세속 사회를 향해 비난을 퍼붓는 것은 명백한 위선이다.

이제는 교회가 화목의 사역을 시작해야 할 때가 이르렀다.[15]

이제 하나님의 백성들은 담대하고 충실하게 복음을 전하고, 교회는 어둡고 절망적인 세상에서 빛과 소금이 되어야 한다(마

---

14) 존 맥아더, 『현대교회를 향한 예수님의 마지막 경고』, 8~10.
15) 존 맥아더, 『현대교회를 향한 예수님의 마지막 경고』, 10~11.

5:13~16). 지금은 요한계시록의 교회들에게 보낸 편지와 교회를 개혁하라는 그리그도의 마지막 종말론적 명령에 각별히 주의를 기울여야 할 때이다.

2과 교회여, 회개하라

1. 교회의 회개

교회가 회개했다는 소리를 들어본 적이 있는가? 개인들이 아니라 교회 전체가 집단적으로 회중의 허물을 공개적으로 인정하며, 슬프고 애통한 심령으로 죄를 뉘우쳤다는 소리를 들어본 적이 있는가?

안타깝지만, 그래 본 적이 별로 없을 것이다. 그렇다면 목회자가 교회 전체를 향해 회개를 촉구하고, 회개하지 않으면 하나님의 심판을 받을 것이라고 회중에게 경고했다는 소리를 들어 본 적이 있는가? 아마도 그것 역시 별로 없을 것이다.

오늘날의 목회자들은 온 교회를 향해 집단적인 차원에서 죄를 회개하라고 외치는 것은 고사하고, 교인들 개개인을 향해 회개를 촉구하는 일조차도 어려워하는 것처럼 보인다. 사실 목회자가 온 교회를 향해 회개를 촉구하는 일조차도 어려워하는 것처럼 보인다.

사실 목회자가 온 교회를 향해 회개를 촉구할 만큼 담대하다면 목사직을 오랫동안 유지하기가 어려울 것이 틀림없다.[16]

그런 목회자는 교회 내에서 저항에 직면하거나 비난을 받게 될 소지가 높다. 대다수 교회 지도자들은 교인들이 강하게 반발할 것이라는 생각에 미리 겁부터 집어 먹고, 집단적인 차원의 회개를 촉구할

---

16) 존 맥아더, 『현대교회를 향한 예수님의 마지막 경고』, 18.

엄두조차 내지 못할 것이 분명하다. 혹시나 어떤 목회자가 조금 무모한 용기를 부려 자기 교회가 아닌 다른 교회를 향해 회개를 촉구할 것 같으면, 필경 비판적이고 분열을 책동하는 월권행위를 저질렀다는 비난을 사게 될 가능성이 높다. 책망을 받은 교회는 회개를 권고하는 말을 회피하기 위해 도리어 상대방을 비난할 것이고, 그는 결국 "당신이나 잘해라."는 고함소리를 듣게 될 것이다.

사실, 교회가 집단적으로 회개하는 일은 극히 드물다. 부패와 불순종과 배교의 길로 치우치기 시작한 교회는 시간이 흐를수록 정통 신앙으로부터 더욱더 멀리 벗어난다. 그런 교회는 본래의 건전성을 회복하기가 거의 불가능하다.[17]

스스로 집단적인 차원에서 주님을 거역했다는 사실을 깨닫고 뉘우치기가 매우 어렵기 때문에 부패와 부도덕과 거짓 교리를 버리지도 않고, 마음 깊은 곳에서 용서와 속죄와 회복을 부르짖지도 않는다. 그들은 자신의 현재 상태에 만족하기 때문에 그런 것이 필요하다는 생각조차 하지 못한다. 교회를 향해 회개와 개혁을 촉구하는 것은 현실적으로 매우 위험하다. 교회의 역사를 돌아보면, 그런 사례들을 많이 찾아볼 수 있다.

2. 영국의 대 추방령(청교도)

'청교도'는 본래 조소와 멸시가 담긴 용어였다.

이것은 16, 17세기 영국 국교회 소속 목회자들 가운데 일부(로마

---

17) 존 맥아더, 『현대교회를 향한 예수님의 마지막 경고』, 18~19.

카톨릭 교회의 관습과 영향의 잔재를 교회에서 온전히 없애기를 원했던 목회자들)를 지칭하는 용어였다. 청교도 목회자들은 영국 국교회를 향해 회개를 촉구하며, 이단 사상과 성직자들의 부패와 만연된 세속주의를 청산하라고 요구했다. 그러나 영국 국교회는 회개를 거부했다.

그들은 개혁의 필요성은 인정했지만, 온전한 개혁이 아닌 '중간 입장'에 머물기를 원했다. 국교회의 지도부는 회개하지도 않았고, 수동적인 태도를 취하지도 않았다. 그들은 회개를 촉구하는 목소리를 억압하기로 결정했다. 그 결과, 청교도들은 수십 년 동안 교회 지도자들과 국가의 통치자들로부터 온갖 핍박과 박해를 당해야 했다.

믿음을 위해 고난과 죽임을 당한 사람들이 많았고, 그리스도를 위해 옥살이와 고문에 시달린 사람들도 허다했다.[18] 1662년 영국 국회가 '통일령'을 공포하면서 박해는 절정에 달했다. 이 법령은 국교회의 교리와 관습에서 벗어나는 것은 모조리 불법으로 간주했다.

'대추방령'으로 알려진 1662년 8월 24일은 영국 교회의 역사상 전대미문의 비극적인 날로 기록되었다. 그날, 2,000명에 달하는 청교도 목회자들이 면직되어 국교회로부터 영원히 추방당했다.

그 충실한 청교도들은 영국 국교회 안에서 먼저 회개와 개혁이 이루어져야만 민족이 그리스도께로 돌아올 것이라고 믿었다. 그러나 영국 국교회의 강퍅한 지도자들은 스스로의 죄악과 부패를 청산하는 대신 회개와 개혁을 촉구하는 사람들을 억압하려고 시도했다.

나중의 역사를 보면, 대추방령이 일시적으로만 의미가 있는 단독적인 사건이 아니었던 것을 알 수 있다. 당시의 영적 혼란은 청교도

---

18) 존 맥아더, 『현대교회를 향한 예수님의 마지막 경고』, 19~20.

들이 출교되어 교회와 분리된 것으로 일단락되지 않았다.

대추방령은 영국의 역사에 어둡고 선명한 분열의 궤적을 남긴 영적 재앙으로, 그 여파가 오늘날에까지 미치고 있다. 매튜 미드는 추방당한 목회자 가운데 한 사람이었다.

그는 대추방령에 관해 "이 운명의 날은 영국 역사에 검정 글씨로 기록되어야 마땅하다."라고 말했다.[19] 이안 머레이는 그 암울한 사건이 초래한 영적 황폐를 이렇게 묘사했다.

"2,000명의 목회자가 추방되고 나자 합리주의의 시대가 시작되어 강단과 교인석은 온통 냉랭하고 싸늘하게 식어 버렸고, 회의주의와 세속주의가 기승을 부려 국가 종교가 한갓 신약 성경의 기독교를 서투르게 모방한 형태로 변질되는 결과가 나타났다."[20]

마스덴은 이 사건이 주님의 심판을 초래했다고 말했다.

"특정한 사건을 하나님의 진노를 나타내는 증거로 간주하는 것은 언뜻 억지처럼 들릴 수도 있겠지만, 한 민족이나 교회에 재난이 오랫동안 끊이지 않고 일어났다면 그것을 하나님이 은혜를 거두신 것으로 이해해도 크게 무리는 아닐 것이라 생각된다.

2,000명의 비국교도 목회자들이 추방되고 난 후 불과 5년 만에 런던은 두 차례나 초토화되었다."[21]

그의 말은 틀리지 않았다. 대추방령은 1662년 여름에 공포되었다.

---

19) Matthew Meade, "Remedying the Sin of Ejecting God's Ministers", C. Matthew McMahon, ed., Discovering the Wickedness of our Heart (Crossville, TN: Puritan Publications, 2016), 174.
20) Iain Murray, ed., Sermons of the Great Ejection(London: Banner of Truth Trust, 1962), 8.
21) John Buxton Marsden, The History of the Later Puritans: From the Opening of the Civil War in 1642, to the Ejection of the Non-Conforming Clergy in 1662(London: Hamilton, Adams, & co., 1854), 469~70.

1665년에 페스트가 런던을 강타해 10만 명 이상의 목숨을 앗아갔다. 그것은 대략 런던 시민의 4분의 1에 달하는 숫자였다.

그 이듬해에는 대형 화재가 발생해 '성 바울 대성당'을 포함한 100여 개의 교회와 13,000여 개의 가구를 불태웠고, 도시의 대부분을 황폐하게 만들었다. 마스텐처럼 당시의 재난을 영국이 회개하지 않은 것에 대한 하나님의 심판으로 이해하는 역사가들이 많다. 그러나 그런 재난은 영국 교회의 배교로 인해 초래된 영적 재앙에 비하면 그야말로 아무것도 아니다.

마스텐은 전염병과 화재를 언급하고 나서 "더욱 영구적이고 훨씬 더 끔찍한 재난들이 잇따랐다. 영국 국교회의 종교는 생명력을 거의 상실했고, 수많은 교구에서 하나님의 등불이 꺼졌다."라고 덧붙였다.[22] 1800년대 말에 더햄의 주교로 일했던 J.C. 라일은 국교회가 회개하지 않은 탓에 치러야 했던 영적인 대가를 이렇게 요약했다.

"대추방령은 영국 내에서 참된 종교의 대의를 크게 훼손했다. 그로 인한 해악은 결코 만회되지 않을 것이다."[23] 영국은 실제로 그 후 수세기 동안 자유주의 문화에 굴복했고, 배교와 영적 어둠으로 인해 차갑게 죽어버린 교회들이 도처에 즐비했다. 통일령과 대추방령으로 인해 초래된 해악이 수세기 동안 계속되었는데도 영국 국교회는 소기의 목적을 이루지 못했다.

청교도들은 흩어졌을 뿐 침묵하지 않았다. 교회에서 추방된 사람들의 영향력은 오늘날까지도 계속되고 있다.

---

22) Ibid., 480.
23) J. C. Ryle, "Baxter and His Times", Lectures Delivered Before the Young Men's Christian Association, vol. 8 (London: James Nisbet and Co., 1853), 379.

리처드 백스터, 존 플라벨, 토머스 브룩스, 토머스 왓슨과 같은 영적 거장들도 1662년에 면직되었지만 법적 권리를 박탈당한 상태에서도 설교자의 임무를 충실히 이행했다.[24]

그들은 다른 많은 사람들과 더불어 영국 국교회의 부패를 지적하며 회개를 촉구했다.

그런 점에서 그들은 1세기 이전에 활동했던 종교개혁자들의 뒤를 계승했다고 말할 수 있다.

3. 오직 그리스도를 향하여

구원은 그리스도 안에서만 가능하다. 그러나 오늘날에는 이 진리가 인기가 없다. 포스트모던의 상대주의가 활개를 치고 있는 세상에서 예수 그리스도의 복음의 배타성을 강조하는 말을 듣고 싶어 할 사람은 아무도 없다. 복음주의 개신교 신자를 자처하는 사람들조차도 이 진리가 논란의 여지가 많다고 생각한다.

오늘날의 교회 안에는 복음이 죄인들의 비위를 거스르는 것을 원치 않는 사람들이 많다. 그들은 '사람들이 복음을 잘못 생각하게 만들어서는 안 돼. 사람들에게 지옥에 갈 것이라고 말해서는 안 돼.'라고 생각한다. 그들은 하나님의 말씀이 오류가 있을 수 있고, 다양하고 광범위한 해석을 요구한다고 믿는다. 그들은 다른 종교를 진지하게 믿는 사람들도 구원의 계획 속에 살며시 끼어들게 만들 수 있는 여지를 찾고 싶어 한다. 그들은 좁은 문에 머물기를 원하지 않고, 천국

---

24) 존 맥아더, 『현대교회를 향한 예수님의 마지막 경고』, 20~23.

에 가는 길이 그렇게 어렵거나 엄격하지 않다고 말하기를 좋아한다.[25]

그런 모호한 태도는 다원주의 철학의 노리개가 되기 쉽다. 관용을 외치는 시대에 예수 그리스도의 인격과 사역을 통해서만 구원을 받을 수 있다는 말을 듣고 싶어 할 사람은 아무도 없다. 그런 배타적인 주장은 절대적인 것을 믿지 않는 세상, 곧 내가 '내 자신의 진리'를 결정할 권리가 있다는 유치한 생각에 지배되고 있는 세상과 정면으로 상충된다.

그러나 교회가 그리스도에 관한 진리("하나님과 사람 사이에 중보자도 한 분이시니 곧 사람이신 그리스도 예수라"(딤전 2:5). "다른 이로써는 구원을 받을 수 없나니 천하 사람 중에 구원을 받을 만한 다른 이름을 우리에게 주신 일이 없음이라"(행 4:12)를 굳게 붙잡지 않으면 죄로 눈이 먼 세상을 밝히는 빛이 될 수 없다.

간단히 말해 예수 그리스도를 믿는 믿음만이 구원의 유일한 길이라고 말하지 않으면 복음을 전하는 것이 아니다. 교회는 주님에 관한 이런 성경적인 진리들, 곧 "내가 곧 길이요 진리요 생명이니 나로 말미암지 않고는 아버지께로 올 자가 없느니라"(요 14:6)라는 주님의 말씀을 충실하게 전함으로써 하나님을 거역하는 이 세상의 지성적인 교만과 종교적인 다원주의에 맞서야 한다.

또한 교회는 그리스도께 온전히 헌신해야 한다. 베드로는 "너희 믿음의 확실함은 불로 연단하여도 없어질 금보다 더 귀하여…예수를 너희가 보지 못하였으나 사랑하는도다 이제도 보지 못하나 믿고 말할 수 없는 영광스러운 즐거움으로 기뻐하니"(벧전 1:7, 8)라고 말했다.[26]

---

25) 존 맥아더, 『현대교회를 향한 예수님의 마지막 경고』, 281~82.

하나님의 백성은 첫 사랑을 버려서는 안 된다. 교회들에 보낸 주님의 편지에서 살펴본 대로, 그것이 라오디게아 교회가 쇠락의 길로 처참하게 곤두박질치게 된 이유였다. 간단히 말해 영적 무기력과 타협과 부패와 배교에 치우치지 않을 수 있는 가장 효과적인 방법은 그리스도에 대한 사랑의 불길을 활활 타오르게 하는 것이다. 이것이 그리스도를 전하는 것이 선택이 아닌 필수인 이유다. 그리스도를 전하지 않는 목회자들은 염소들은 멸망하게 만들고, 양떼는 굶주리게 만든다. 그리스도를 진정으로 사랑하려면 그분에 관한 계시를 온전히 알아야 한다.

그리스도를 뜨겁게 사랑해야만 교회의 생명이 유지되고, 하나님 나라의 사역이 왕성하게 이루어질 수 있다. 나는 이 모든 것을 염두에 두고 그리스도를 성경에 계시된 대로 깊이 사랑하기 위해 짧은 진술문을 하나 만들었다. 이따금 그 내용을 읽으면 그분에 대한 사랑이 다시 뜨거워진다. 다른 사람들도 이 글을 읽으면 그분에 대한 사랑을 다시 불타오르게 만들 수 있을 것이라고 믿는다.

우리는 그리스도를 사랑한다. 우리는 영원하신 성부와 영원하신 성령과 본질이 같으신 영원한 성자이신 그리스도를 사랑한다. 우리는 우주와 그 안에 사는 모든 것의 유지자이자 생명을 주는 창조주이신 그리스도를 사랑한다. 우리는 동정녀에게서 나신 하나님의 아들이자 사람의 아들, 곧 온전한 신성과 인성을 지니신 그리스도를 사랑한다.[27]

우리는 세상에 계실 때 하나님을 온전히 기쁘게 하셨고, 믿음을 통

26) 존 맥아더, 『현대교회를 향한 예수님의 마지막 경고』, 282~83.
27) 존 맥아더, 『현대교회를 향한 예수님의 마지막 경고』, 283~84.

해 은혜로 자기와 하나가 된 모든 사람에게 의를 덧입혀 주시는 그리스도를 사랑한다. 우리는 하나님이 기뻐 받으신 유일한 희생 제물이자 하나님의 심판을 받아 죽음으로 자기 백성의 죗값을 모두 치르시고, 그들에게 용서와 영생을 허락하신 그리스도를 사랑한다. 우리는 성부에 의해 죽은 자 가운데서 다시 살아나 속죄의 사역을 인정받고, 부활을 통해 선택받은 백성의 성화와 영화를 가능하게 만들어 그들을 하늘의 처소로 안전하게 인도하시는 그리스도를 사랑한다. 우리는 성부의 보좌 앞에서 모든 신자들을 위해 중보 기도를 드리시는 그리스도를 사랑한다.

우리는 하나님이 택하신 선지자요 제사장이요 왕으로서 진리를 전하시고, 자기 교회를 위해 중보 사역을 행하시며, 자신의 왕국을 영원히 다스리시는 그리스도를 사랑한다.

■ 재림

우리는 장차 하늘에서 홀연히 재림해 교회를 공중으로 끌어 올리시고, 악인들에게 심판을 베푸시며, 유대인들과 민족들에게 약속하신 구원을 허락하시고, 세상에 천년 왕국을 건설하실 그리스도를 사랑한다.[28]

■ 심판

우리는 천년 왕국의 통치 이후에 우주를 없애고, 마지막으로 모든 죄인들을 심판해 지옥에 보내고 나서 새 하늘과 새 땅을 창조해 성도들과 함께 영원히 영광과 기쁨과 사랑을 나누실 그리스도를 사랑한다.

---

28) 존 맥아더, 『현대교회를 향한 예수님의 마지막 경고』, 284~85.

우리는 그런 그리스도를 사랑하고, 전파한다. 우리가 그분을 사랑하는 이유는 그분이 먼저 우리를 사랑하셨기 때문이다. - 아멘-

교회가 성경의 권위와 충족성을 굳게 믿으며, 믿음을 통해 은혜로 의롭다 하심을 받는다는 메시지를 충실하게 전하고, 하나님의 백성이 범사에 하나님을 영화롭게 하며, 구주이신 예수 그리스도를 깊이 사랑하고, 그분의 복음을 굳게 붙잡아야만 새로운 개혁과 부흥의 희망이 싹틀 수 있다.[29]

---

29) 존 맥아더, 『현대교회를 향한 예수님의 마지막 경고』, 285.

3과 교회의 참 주인이신 예수님

1. 교회를 통해 드러난 하나님의 영광

그리스도의 외모를 묘사한 요한의 마지막 표현은 "그 얼굴은 해가 힘 있게 비치는 것 같더라"(계 1:16)는 말씀이다. 주님의 얼굴을 보는 것은 마치 맑은 날 정오의 태양을 정면으로 바라보는 것과 같았다. 이 찬란한 광채는 과연 무엇일까? 그것은 다름 아닌 '셰키나', 곧 성자 하나님의 얼굴에서 빛나는 하나님의 찬란한 영광을 가리킨다.

요한은 이 표현을 사사기 5장 31절("주를 사랑하는 자들은 해가 힘 있게 돋음같게 하시옵소서")에서 빌려온 것으로 보인다. "그때에 의인들은 자기 아버지 나라에서 해와 같이 빛나리라"(마 13:43)라는 말씀에도 동일한 개념이 나타난다.

예수 그리스도의 인격을 통해 나타난 하나님의 영광이 교회를 통해 빛난다. 하나님의 백성들은 세상 앞에 그분의 영광을 드러낸다. 바울도 "어두운 데에 빛이 비치라 말씀하셨던 그 하나님께서 예수 그리스도의 얼굴에 있는 하나님의 영광을 아는 빛을 우리 마음에 비추셨느니라"(고후 4:6)라는 말씀으로 이 점을 분명하게 언급했다.[30]

주님은 신자들의 변화된 삶을 통해 회개하지 않은 사람들이 복음에 관심을 기울이게 만드신다.

---

30) 존 맥아더, 『현대교회를 향한 예수님의 마지막 경고』, 68~69.

그분은 교회의 경건한 삶을 통해 사람들을 자기에게로 이끄신다. 그리스도께서는 "이같이 너희 빛이 사람 앞에 비치게 하여 그들로 너희 착한 행실을 보고 하늘에 계신 너희 아버지께 영광을 돌리게 하라"(마 5:16)라는 말씀으로 이 점을 분명하게 가르치셨다. 하나님이 죄인들을 구원해 교회를 세우시고, 그들의 변화된 삶을 통해 자신의 거룩한 영광을 나타내심으로써 더 많은 죄인들을 자기에게로 이끄신다는 것이 곧 교회의 궁극적인 존재 목적이다.

주님의 영광이 교회를 통해 찬란하게 어둡고 부패한 세상을 환하게 밝힌다.[31]

---

31) 존 맥아더, 『현대교회를 향한 예수님의 마지막 경고』, 69.

4과 처음 사랑을 버린 교회에 대한 예수님의 경고

1. 에베소 교회 - 칭찬에서 책망으로

에베소 교회의 영적 실패와 그리스도께서 그들을 책망하신 이유가 "그러나 너를 책망할 것이 있나니 너희 처음 사랑을 버렸느니라"

(4절)라는 말씀에 잘 드러나 있다. 그들은 한때는 어둠의 나라에서 구원받고 나서 불타오르는 마음으로 그리스도를 사랑했지만 그 불길은 시간이 지나면서 차츰 희미해졌다.

바울이 에베소 교회를 지도하는 때부터 요한이 밧모 섬에서 환상을 볼 때까지 약 40년의 세월이 흘렀다. 첫 세대의 열정은 차갑게 식었고, 둘째 세대는 단지 자기들에게 전해진 것을 따랐을 뿐이다. 그리스도에 대한 뜨거운 헌신이 냉랭한 의무로 대체되었다.[32]

겉으로는 올바른 행동을 유지하고, 교리적인 정통성을 지켰지만 주님에 대한 섬김은 본래의 뜨거운 사랑에 의해 이루어지지 않았다. 단지 형식적인 행위, 곧 기계적인 경건만이 남아 있을 뿐이었다. 하나님은 그와 동일한 잘못을 저지른 이유로 이스라엘 백성을 여러 차례 엄히 꾸짖으셨다.

이스라엘 백성에 대한 엄중한 책망은 하나님에 대한 사랑이 차갑

---

32) 존 맥아더, 『현대교회를 향한 예수님의 마지막 경고』, 89.

게 식도록 방치하는 행위가 얼마나 위험한 일인지를 보여준다. 하나님은 예레미야 선지자에게 다음과 같이 명령하셨다.

"가서 예루살렘의 귀에 외칠지니라 여호와께서 이와 같이 말씀하시기를 내가 너를 위하여 네 청년 때의 인애와 네 신혼 때의 사랑을 기억하노니 곧 씨 뿌리지 못하는 땅, 그 광야에서 나를 따랐음이니라 이스라엘은 여호와를 위한 성물 곧 그의 소산 중 첫 열매이니 그를 삼키는 자면 모두 벌을 받아 재앙이 그들에게 닥치리라 여호와의 말씀이니라"(렘 2:2~3).[33]

---

33) 존 맥아더, 『현대교회를 향한 예수님의 마지막 경고』, 89~90.

5과 박해받는 교회에 대한 예수님의 메시지

1. 서머나 교회

서머나의 상황이 바로 그와 같았다.
서머나와 서머나 교회

역사가들의 말에 따르면 에베소에서 북쪽으로 약 65킬로미터 떨어진 에게 해 해안에 위치한 서머나는 소아시아에서 가장 아름다운 도시였다고 한다. 도시는 해안 어귀에서부터 기복이 있는 작은 언덕들과 '파고스(제우스, 아폴로, 아프로디테, 아스클레피오스, 키벨레를 비롯해 많은 신을 숭배하는 신전들이 모여 있는 언덕)'를 향해 뻗어 있었다.

그곳의 사람들은 모든 종교를 포용하기 위해 로마 황제와 로마 제국을 위한 신전들도 함께 마련해 두었다. 또한 서머나는 과학과 의학과 학자들로도 유명했다. 호메로스도 서머나에서 출생한 것으로 추정된다(그곳에는 그를 기리는 신전도 있다). 서머나는 그 지역에서 가장 오래된 도시 가운데 하나로 BC 3,000년 전에 처음 설립된 것으로 보인다.[34] 요한 사도 당시의 서머나는 BC 290년에 알렉산더 대왕의 후계자들에 의해 재건되었다.

---

34) 존 맥아더, 『현대교회를 향한 예수님의 마지막 경고』, 105~06.

에베소와는 달리 서머나는 오늘날까지도 여전히 건재하다. 현재는 터키의 가장 큰 도시 가운데 하나인 이즈미르로 알려져 있다. 또한 서머나에는 지금도 그리스교도인들이 존재한다. 교회는 가톨릭 교회, 콥트 교회, 동방 정교회, 시리아 정교회가 대부분을 차지하고 있지만 이즈미르에는 여전히 무슬림의 혹독한 박해 아래서도 성경을 믿는 충실한 그리스도인들이 살고 있다.

주님은 에베소에서는 결국 촛대를 옮기셨지만 서머나에는 지금까지 빛을 남겨 두셨다.

2. 사탄의 회당

박해로 인해 고통당하는 서머나의 신자들을 더욱 괴롭게 만든 또 하나의 요인이 있었다. 그리스도께서는 "자칭 유대인이라 하는 자들의 비방도 알거니와 실상은 유대인이 아니요 사탄의 회당이라"(계 2:9)라는 말씀으로 그 실체를 밝히셨다.[35]

---

35) 존 맥아더, 『현대교회를 향한 예수님의 마지막 경고』, 106~110.

6과 타협하는 교회에 대한 예수님의 경고

1. 버가모 교회

죄인들에게 우호적인 교회

요즘 신자들은 '세속'을 진부한 용어로 생각하는 경향이 있다. 그들은 그것을 카드놀이와 춤을 교회의 순결과 성결을 위협하는 요인으로 간주했던 시대, 곧 좋게 말하면 지금보다 더 점잖고, 나쁘게 말하면 계몽이 될 된 시대의 유물로 치부한다.

심지어 일부 신자들은 그리스도 안에서의 자유만을 강조하는 탓에 세속에 대한 논의는 무엇이든 모두 구태의연한 율법주의의 잔재로 간주하기까지 한다.

그들은 성경이 "세상과 벗된 것이 하나님과 원수 됨을 알지 못하느냐 그런즉 누구든지 세상과 벗이 되고자 하는 자는 스스로 하나님과 원수 되는 것이니라"(약 4:4)라고 분명하게 말씀하는데도 세속적인 가치와 즐거움을 멀리해야 하는 신자의 의무를 더 이상 생각하려고 하지 않는다.[36]

오히려 오늘날의 교회는 세상의 문화를 가능한 한 많이 닮으려고 애쓰고 있다.

---

36) 존 맥아더, 『현대교회를 향한 예수님의 마지막 경고』, 127.

교회 지도자들은 지난 수십 년 동안 자신들의 사역이 세상의 모임이나 행사처럼 보이고, 들리고, 느껴지게 만들려고 노력해 왔다. 요즘에는 콘서트나 극장과 별다른 차이가 없어 보이는 교회들이 많다. 그런 교회들은 문화적 적절성을 추구하며 사람들의 이목을 끌기 위해 최신 유행을 좇으며, 대중문화의 흐름을 따르기에 급급하다. 이런 현상은 실용주의 철학(기대하는 효과만 나타난다면 무엇이든 기꺼이 하겠다는 생각)에서 기인한다.

그로 인한 결과는 죄인들을 깨우치기보다 오히려 그들에게 우호적인 태도를 보이며 하나님을 멀리하게 만든다.

2. 절체절명의 기로에 선 교회

버가모는 에베소에서 북쪽으로 약 160킬로미터 떨어진 곳에 위치한 소아시아의 수도였다. 버가모는 항구 도시도 아니었고, 주요 통상로가 지나는 길목에 있지도 않았지만 문화와 종교와 교육의 중심지로서 가능했다. 그곳의 가장 두드러진 특징은 거대한 도서관이었다. 가장 큰 도서관은 알렉산드리아 도서관이었고 버가모 도서관은 바로 그 다음이었다.

그곳에는 손으로 직접 쓴 책들이 20만 권이나 소장되어 있었다. 전승에 따르면, 필기 재료의 수요를 맞추기 위해 버가모에서 동물 가죽을 이용한 양피지가 개발되어 사용되었다고 한다. 그렇게 많은 책들은 마르쿠스 안토니우스가 클레오파트라에게 보내 준 선물이었다.[37] 버가모는 300미터가 넘는 언덕 위에 위치했다. 19세기 고고

학자 윌리엄 램지 경은 그곳의 웅장한 모습을 이렇게 묘사했다.

"버가모는 소아시아의 다른 어떤 도시들보다도 뛰어나 여행자들에게 그곳이 왕의 도시이자 권위의 좌소라는 인상을 심어준다. 버가모가 건설된 바위산은 매우 거대하며, 카이쿠스 강 유역의 넓은 평야 위에 위풍당당한 자태를 뽐내며 우뚝 솟아 있다."[38] 지금도 베르가마라는 터키의 도시 근처에 가면 버가모의 유적을 볼 수 있다.

3. 하나님의 원수

주님은 버가모 교회의 타협적인 태도를 고칠 수 있는 해결책을 분명하게 제시하였다. "그러므로 회개하라 그리하지 아니하면 내가 네게 속히 가서 내 입의 검으로 그들과 싸우리라"(계 2:16). 이 말씀에는 "세속적인 타협을 중단하라. 어울리지 않는 멍에를 짊어지려고 하지 말라. 교회에 미친 불경스럽고 부도덕한 영향을 제거하라. 그렇지 않으면 내가 직접 그렇게 할 것이라."라는 의미가 담겨 있다.[39] 이 명령은 이단 사상으로 교회를 오염시키는 자들과 그런 잘못을 관용하는 자들 모두에게 적용된다. 그들 모두가 세상과의 타협에 책임이 있다.

---

37) 존 맥아더, 『현대교회를 향한 예수님의 마지막 경고』, 127~130.
38) William M. Ramsey, The Letters to the Seven Churches of Asia (London: Hodder & Stoughton, 1906), 281.
39) 존 맥아더, 『현대교회를 향한 예수님의 마지막 경고』, 130~143.

7과 부패한 교회에 대한 예수님의 경고 : 두아디라 교회

1. 두아디라

남북으로 뻗은 주요 도로를 따라 버가모에서 남동쪽으로 약 64킬로미터 떨어진 곳에 위치한 두아디라는 요한계시록 2,3장에 언급된 도시들 가운데서 가장 작았다. 그곳은 계곡의 편평한 평지에 위치한 까닭에 요새로서 천혜의 조건은 갖추지 못했지만 당초부터 버가모로 향하는 주도로를 지킬 수비대를 주둔시키기 위한 군사 도시로 건설되었다.

버가모로 진군하는 적군을 두아디라에 있는 군인들이 저지해 버가모가 도시를 방어할 준비를 갖출 수 있는 시간을 벌어주는 것이 본래의 목적이었다. 버가모는 소아시아의 수도였기 때문에 침략군은 그곳을 궁극적인 목표로 삼았고, 두아디라는 그런 적군의 공격 속도를 늦추는 임무를 수행했다.[40] 이런 이유로 두아디라는 역사적으로 자주 파괴되고, 또다시 재건되는 운명을 겪어야 했다.

고대 문헌에 몇 차례 언급된 두아디라와 관련된 사실들은 대부분 그곳이 어떤 식으로 정복되었는지를 보여주는 내용을 담고 있다.

---

40) 존 맥아더, 『현대교회를 향한 예수님의 마지막 경고』, 154.

그런데 로마 제국이 그 지역을 통치하면서부터 두아디라의 상황이 바뀌었다. 공격과 파괴에 시달리던 두아디라는 로마 제국의 통치 아래 비교적 평화로운 시기를 보낼 수 있었다. 두아디라는 버가모와 라오디게아와 서머나를 연결하는 주도로에 위치한 덕분에 상업이 크게 발전하는 신흥도시로 부상했다.

2. 재판관이신 주님의 말씀

두아디라 교회를 기점으로 주님의 편지는 이전의 편지들과는 그 표현과 어조가 매우 다르게 전개된다. 이전의 세 편지를 받은 교회들은 모두 죄의 공격에 굴복하지 않고, 믿음에 충실했다.

에베소 교회는 사랑은 없었지만 그리스도와 건전한 가르침에 충실했고, 서머나 교회도 불 시험을 받았지만 끝까지 견디며 주님께 충실했다. 또한 세상과 타협했던 버가모 교회조차도 주님의 이름을 굳게 지켰다는 칭찬을 들었다.[41]

3. 이세벨로 인한 폐해

주님은 칭찬을 몇 마디 건네고 나서 곧바로 두아디라 교회를 엄하게 꾸짖기 시작하셨다. "그러나 네게 책망할 일이 있노라 자칭 선지자라 하는 여자 이세벨을 네가 용납함이니 그가 내 종들을 가르쳐 꾀

---

41) 존 맥아더, 『현대교회를 향한 예수님의 마지막 경고』, 154~157.

어 행음하게 하고 우상의 제물을 먹게 하는도다"(계 2:20).

요즘에는 '용납하다.'는 말을 너무 지나치게 강조하는 경향이 많지만 교회를 향해 무작정 관용하라고 명령하는 성경 구절은 어디에도 없다. 사실 하나님은 교회가 '관대하지 못하다.'는 평판을 듣기를 원하신다.

바꾸어 말해 하나님은 교회가 거짓 교훈과 부도덕한 행위를 용납하지 않기를 바라신다. 이미 살펴 본 대로 그분은 죄를 용납하지 않는 교회를 원하신다.[42]

---

42) 존 맥아더, 『현대교회를 향한 예수님의 마지막 경고』, 160.

죽은 교회에 대한 예수님의 경고
: 사데 교회

1. 사데 교회에 가장 절실히 필요했던 것

주님은 사데 교회에 보내는 편지에서 자신을 "하나님의 일곱 영과 일곱 별을 가지신 이"(계 3:1)로 일컬으셨다. 지금까지 살펴 본 대로 그리스도께서는 요한이 처음에 본 환상에서 자신의 성품을 구체적으로 드러낸 표현들을 빌려와 개개의 교회를 향한 말씀을 강화하는 방식을 취하셨다.

그러나 '하나님의 일곱 영'이라는 표현은 거기에서 좀 더 거슬러 올라가서 요한이 소아시아의 일곱 교회에게 전한 인사말에서 비롯했다(계 1:4).

"요한은 아시아에 있는 일곱 교회에 편지하노니 이제도 계시고 전에도 계셨고 장차 오실 이와 그의 보좌 앞에 있는 일곱 영과." 그는 이 표현을 요한계시록에서 반복적으로 사용했다(계 4:5, 5:6). 그렇다면 성령은 오직 한 분뿐인데(엡 4:4) 이 표현은 대체 어떤 의미일까?[43]

이 표현을 이해하는 방법은 두 가지다. 첫째는 성령과 메시아의 관계를 묘사하고 있는 이사야서 11장 2절에 근거한 해석이다.

---

43) 존 맥아더, 『현대교회를 향한 예수님의 마지막 경고』, 180.

"그의 위에 여호와의 영 곧 지혜와 총명의 영이요 모략과 재능의 영이요 지식과 여호와를 경외하는 영이 강림하시리니." 이사야는 성령의 일곱 가지 특징을 열거했다. 성령께서는 여호와의 영이자 지혜와 총명과 모략과 재능과 지식과 여호와를 경외하는 영이시다.

성령의 일곱 가지 특징은 그분의 능력과 사역을 온전하게 이해할 수 있는 근거가 된다. 둘째는 '하나님의 일곱 영'을 성령에 대한 스가랴의 예언적 환상과 연관시켜 해석하는 것이다. 스가랴는 일곱 등잔과 각각의 등잔을 위한 일곱 관을 보았다(슥 4:1~10). 두 경우 모두 그리스도께서 교회에 허락하신 성령을 가리키는 것이 분명하다.

2. 거의 다 죽은 상태

사데 교회를 향한 그리스도의 명령을 살펴보면 그 안에 여전히 매우 미약하게나마 영적 생명이 남아 있는 것을 알 수 있다.[44] 그분은 "너는 일깨워 그 남은 바 죽게 된 것을 굳건하게 하라 내 하나님 앞에 네 행위의 온전한 것을 찾지 못하였노니 그러므로 네가 어떻게 받았으며 어떻게 들었는지 생각하고 지켜 회개하라 만일 일깨지 아니하면 내가 도둑같이 이르리니 어느 때에 네게 이를는지 네가 알지 못하리라"(계 3:2, 3)라고 말씀하셨다. 사데 교회가 아예 완전히 죽은 상태였다면 이렇게 말씀하지 않았을 것이다.

주님은 사데 교회 안에 남아 있는 소수의 신자들을 향해 말씀하셨다. 그분은 그들이 영적 죽음으로 치닫는 상태에서 교회를 구해내 필

---

44) 존 맥아더, 『현대교회를 향한 예수님의 마지막 경고』, 180~186.

요한 개혁과 회복을 추구하게 하기 위해 다섯 가지를 명령하셨다.

첫째는 "일깨는"(2절) 것이다.

둘째는 "그 남은 바 죽게 된 것을 굳건하게 하는"(2절) 것이다.

셋째는 "네가 어떻게 받았으며 어떻게 들었는지 생각하는"(3절)것이다.

주님의 말씀은 "그리스도의 영광스런 복음의 진리를 기억하라." 마지막으로 주님은 "회개하라"(3절)고 명령하셨다. 사데 교회의 교인들은 다른 무엇보다도 죄를 고백하고 돌이키는 것이 필요했다. 회개하지 않으면 다른 변화들이 오래 지속될 수 없고, 교회의 삶이 실질적으로 변화되기 어렵다. 진정한 교회의 개혁이 이루어지려면 죄를 버리고, 하나님과 올바른 관계를 맺어야 한다. 죽은 사데 교회에 보낸 그리스도의 편지에는 성도들을 위한 영광스런 희망이 가득하다. 주님은 그들에게 영생의 흰 옷을 입히고, 생명책에서 그들의 이름을 지우지 않고, 성부 하나님과 영원한 천사들 앞에서 그들의 이름을 시인할 것이라고 약속하셨다.

이 약속은 주님의 사랑스런 모든 백성에게 적용된다.[45]

---

45) 존 맥아더, 『현대교회를 향한 예수님의 마지막 경고』, 186~198.

충성스런 교회에 대한 예수님의 경고
: 빌라델비아 교회

1. 빌라델비아와 빌라델비아 교회

빌라델비아는 사데에서 남동쪽으로 약 48킬로미터 떨어진 코가미스 계곡에 위치해 있었다. BC 200년 무렵에 설립된 이 도시의 명칭은 자신의 선임자이자 형이었던 에우메네스 왕에게 충성을 바친 결과로 '형제애'를 뜻하는 '빌라델푸스'라는 별명을 얻은 버가모 왕 아탈루스 2세의 이름을 따라 명명되었다. 빌라델비아는 그 지역에 축적된 화산재 덕분에 농산물(특히 포도)이 풍부했다.

도시가 있던 곳은 '카타케카우메네(타버린 땅)'라고 알려진 지역의 가장자리였다. 토지는 비옥했지만 지진 발생 지역이었기 때문에 피해도 상당했다. 17년에 사데를 폐허로 만든 지진은 빌라델비아에도 큰 피해를 입혔다. 그곳은 진원지에 더 가까웠기 때문에 수년 동안 여진에 시달려야 했다.46) 윌리엄 램지 경은 그때의 경험이 그 지역 사람들에게 두려움과 공포심을 심어주었다고 설명했다.

---

46) 존 맥아더, 『현대교회를 향한 예수님의 마지막 경고』, 203~04.

2. 면류관과 기둥

그리스도께서는 자기 백성에게 "네가 가진 것을 굳게 잡아 아무도
네 면류관을 빼앗지 못하게 하라"(계 3:11)고 명령하셨다. '네가 가
진 것을 굳게 잡아'라는 것은 인내하라는 의미다. 앞서 말한 대로 인
내는 참된 믿음과 구원의 증거다(마 24:13 ; 요일 2:19 참조).

그러나 인내는 수동적이지 않다. 바울은 골로새 교회에 보내는 편
지에서 주님이 자기 백성을 영원히 보전하기 위해 그들의 믿음을 통
해 어떻게 역사하시는지를 설명했다. 그는 "이제는 그의 육체의 죽음
으로 말미암아 화목하게 하사 너희를 거룩하고 흠 없고 책망할 것이
없는 자로 그 앞에 세우고자 하셨으니 만일 너희가 믿음에 거하고 터
위에 굳게 서서 너희 들은 바 복음의 소망에서 흔들리지 아니하면 그
리하리라"(골 1:22, 23)라고 말했다.

그리스도께서 우리를 굳게 붙들고 계시는 것처럼 우리도 그 분을
굳게 붙잡아야 한다.47)

---

47) 존 맥아더, 『현대교회를 향한 예수님의 마지막 경고』, 224~25.

10과 미온적인 교회에 대한 예수님의 경고 : 라오디게아 교회

1. 믿음을 저버린 교회를 위한 은혜의 권고

그리스도께서는 라오디게아 교회에 비참한 영적 상태를 치유하기 위해 "내가 너를 권하노니 내게서 불로 연단한 금을 사서 부요하게 하고 흰 옷을 사서 입어 벌거벗은 수치를 보이지 않게 하고 안약을 사서 눈에 발라 보게 하라"(계 3:18)라고 말씀하셨다.

그리스도께서는 위선자들을 은혜롭게 권고하셨다. 그분은 그들을 당장에 심판할 수도 있었지만 그렇게 하지 않고, 회개를 촉구하셨다. 주님은 라오디게아 교회가 스스로 믿었던 부요함의 허상과 자신이 제공하는 구원을 대조함으로써 그들의 그릇된 안전 의식을 일깨우셨다.

앞서 말한 대로 라오디게아는 경제적인 번영, 양모 산업, 안연고 생산을 자랑거리로 삼았다. 주님은 이 한 구절의 말씀으로 그들의 지역적인 자부심을 무너뜨리셨을 뿐 아니라 영적으로 가난하고, 눈멀고, 벌거벗은 그들의 상태를 적나라하게 드러내셨다.[48]

그들이 가진 재물로는 그들 자신이 주님으로부터 필요로 하는 것을 살 수 없었다. 아무리 많은 재물도 그들의 영혼을 속량하거나 구원할 수 없었다. 그리스도의 말씀은 물질적인 부의 허무함을 강조한

---

48) 존 맥아더, 『현대교회를 향한 예수님의 마지막 경고』, 245~46.

다. 그들의 부가 아무리 커도 그들을 영적으로 유익하게 할 수 없었다.

"내게서…금을…흰 옷을…안약을 사서"라는 주님의 말씀은 하나님이 이사야 선지자를 통해 하신 말씀("오호라 너희 모든 목마른 자들아 물로 나아오라 돈 없는 자도 오라 너희는 와서 사 먹되 돈 없이, 값 없이 와서 포도주와 젖을 사라"(사 55:1)을 생각나게 한다.

그리스도의 의는 죄인들에게 판매되는 것이 아니다. 그 대가는 이미 모두 지불되었다.[49]

11과 교회여, 새롭게 되라

1. 오직 믿음으로(Sola Fide)!

"오직 믿음으로 의롭다" 하심을 받는다는 교리는 복음의 핵심이다. 의식적으로든 무의식적으로든 '오직 믿음으로!'를 거부하면 은혜로 구원 받는다는 것을 부인하고, 행위를 앞세우는 결과를 낳게 된다. 선행은 죄인이 받아야 할 징벌을 없애는 데 아무런 역할도 하지 않는다. 바울사도는 칭의의 본질을 논하면서 죄인이 구원받을 수 있는 희망은 자기 자신의 의로운 행위가 아니라 오직 믿음으로 얻는 의를 통해서만 발견될 수 있다고 설명했다.

"일을 아니할지라도 경건하지 아니한 자를 의롭다 하시는 이를 믿는 자에게는 그의 믿음을 의로 여기시나니 일한 것이 없이 하나님께 의로 여기심을 받는 사람의 복에 대하여 다윗이 말한 바 불법이 사함을 받고 죄가 가리어짐을 받는 사라람들은 복이 있고 주께서 그 죄를 인정하지 아니하실 사람은 복이 있도다"(롬 4:5~8).[50]

믿음만이 하나님과 올바른 관계를 맺게 해주는 수단이다.

---

50) 존 맥아더, 『현대교회를 향한 예수님의 마지막 경고』, 267~68.

이스라엘의 희생 제도는 죄인들을 구원할 수 없었다.

하나님은 이사야 선지자를 통해 "나는 황소와 양과 염소의 피를 기뻐하지 않는다."라고 말씀하셨다.

믿음은 항상 하나님의 구원 계획의 토대였다.

성경은 이스라엘의 족장 아브라함이 그의 경건한 행위 때문에 구원받았다고 말씀하지 않는다.

성경은 "아브람이 여호와를 믿으니 여호와께서 이를 그의 의로 여기시고"(창 15:6)라고 말씀한다.[51]

---

51) 존 맥아더, 『현대교회를 향한 예수님의 마지막 경고』, 268.

5부

예수 그리스도의 마지막 심판 경고명령

1과 감추어진 보화

(마태복음 13;44-46)

■ 감추어진 보화

44. 천국은 마치 밭에 감추인 보화와 같으니 사람이 이를 발견한 후 숨겨 두고 기뻐하여 돌아가서 자기의 소유를 다 팔아 그 밭을 샀느니라

45. 또 천국은 마치 좋은 진주를 구하는 장사와 같으니

46. 극히 값진 진주 하나를 만나매 가서 자기의 소유를 다 팔아 그 진주를 샀느니라

천국과 그 나라에 속함의 헤아릴 수 없는 가치를 가르치기 위해, 예수님께서는 천국을 밭에 감추인 보화로 묘사하셨다. 자기의 소유를 다한 것보다도 더 가치가 있는 이 보화를 얻기 위해서, 그는 그 밭을 사들이기 위해 자기가 가진 모든 것을 팔아야 했다.[52]

이것은 천국의 가치를 진지하게 고려할 때 제자도에 수반되는 희생에 대한 또 하나의 묘사다. 세상의 염려와 재물의 유혹에도 불구하고, 수많은 사람들이 현재의 삶에서 많은 것을 희생하여 예수님을 계속 따르고 있는데, 이들은 미래에 대한 더 큰 기대를 가진다.[53] 나의 가진 보화보다 천국을 더 앙모하는 자에게 천국은 그들의 것이 될 수 있다.

---

52) 브루스 B. 바톤 외 3인, 『마태복음』 전광규/김진선 역 (서울: 한국성서유니온선교회, 2015), 427.
53) 데이비드 터너, 『마태복음』 배용덕 역, (서울: 부흥과개혁사, 2015), 460.

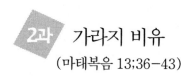

2과 가라지 비유
(마태복음 13;36-43)

■ 가라지 비유

36. 이에 예수께서 무리를 떠나사 집에 들어가시니 제자들이 나아와 가로되 밭의 가라지의 비유를 우리에게 설명하여 주소서

37. 대답하여 가라사대 좋은 씨를 뿌리는 이는 인자요

38. 밭은 세상이요 좋은 씨는 천국의 아들들이요 가라지는 악한 자의 아들들이요

39. 가라지를 심은 원수는 마귀요 추수때는 세상 끝이요 추숫군은 천사들이니

40. 그런즉 가라지를 거두어 불에 사르는것 같이 세상끝에도 그러하리라

41. 인자가 그 천사들을 보내리니 저희가 그 나라에서 모든 넘어지게 하는 것과 또 불법을 행하는 자들을 거두어 내어

42. 풀무 불에 던져 넣으리니 거기서 울며 이를 갊이 있으리라

43. 그 때에 의인들은 자기 아버지 나라에서 해와 같이 빛나리라 귀 있는 자는 들으라

지금까지는 해변에서 말씀하셨으나, 이제부터는 집에서 말씀하시는 것이다. "집"은 흔히 초대교회의 가정교회를 연상케 하는 것으로,

"집 밖"과 "집 안"은 "믿음 밖"과 "믿음 안"을 의미할 수 있다.

앞에서는 좋은 씨가 천국 말씀을 가리켰는데, 여기서는 참 신자를 가리키고 있다. 청중과 의도의 차이 때문이다.

"악한 자"는 사탄을, "악한 자의 아들들"은 마귀의 자식들을 뜻한다. 이는 불신자 내지는 믿어도 그리스도의 뜻을 행하지 않는 거짓 신자를 가리킨다.

재림하시는 그리스도는 천사들을 보내어 만국에서 택함받은 성도들을 모으기에, 천사들을 추수꾼에 비한 것이다.[54]

이 추수 때에, 하나님께서는 사탄의 백성과 그분의 백성을 구분하실 것이다. 추수꾼들이 가라지를 거두어 묶어 불태우듯이, 사탄의 백성들은 불무 불에 던져질 것이다.

'풀무 불'은 지옥을 나타내는 이름이 아니라 최후의 심판에 대한 은유다.

예수님께서는 다가오는 심판을 가리키기 위해 종종 '울며 이를 갈게 되리라'는 말을 사용하셨다. '욺'은 슬픔이나 후회를 나타내고, '이를 갊'은 극도의 불안이나 고통을 보여준다. 자기가 죽은 다음에 어떤 일이 일어나도 상관없다고 말하는 사람들은 자기들이 말하는 바를 깨닫지 못하는 것이다.[55]

하나님께서는 이기주의와 하나님께 대한 무관심으로 산 삶에 대해 그들을 심판하실 것이다. 이미 자신을 인자라고 밝히신 예수님께서는 자신이 세대의 끝과 최후 심판의 막을 여실 것임을 밝히셨다.

---

54) 박수암, 『마태복음』(서울: 대한기독교서회, 2004), 278.
55) 브루스 B. 바톤 외 3인, 『마태복음』 전광규/김진선 역(서울: 한국성서유니온선교회, 2015), 425.

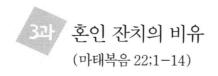# 3과 혼인 잔치의 비유
(마태복음 22;1-14)

■ **혼인 잔치의 비유**

1. 예수께서 다시 비유로 대답하여 가라사대 2천국은 마치 자기 아들을 위하여 혼인 잔치를 베푼 어떤 임금과 같으니

3. 그 종들을 보내어 그 청한 사람들을 혼인 잔치에 오라 하였더니 오기를 싫어하거늘

4. 다시 다른 종들을 보내며 가로되 청한 사람들에게 이르기를 내가 오찬을 준비하되 나의 소와 살진 짐승을 잡고 모든 것을 갖추었으니 혼인 잔치에 오소서 하라 하였더니

5. 저희가 돌아 보지도 않고 하나는 자기 밭으로, 하나는 자기 상업차로 가고

6. 그 남은 자들은 종들을 잡아 능욕하고 죽이니

7. 임금이 노하여 군대를 보내어 그 살인한 자들을 진멸하고 그 동네를 불사르고

8. 이에 종들에게 이르되 혼인 잔치는 예비되었으나 청한 사람들은 합당치 아니하니

9. 사거리 길에 가서 사람을 만나는대로 혼인 잔치에 청하여 오너라 한 대

10. 종들이 길에 나가 악한 자나 선한 자나 만나는 대로 모두 데려

오니 혼인자리에 손이 가득한지라.

11. 임금이 손을 보러 들어올째 거기서 예복을 입지 않은 한 사람을 보고,

12. 가로되 친구여 어찌하여 예복을 입지 않고 여기 들어왔느냐 하니 저가 유구무언이어늘

13. 임금이 사환들에게 말하되 그 수족을 결박하여 바깥 어두움에 내어 던지라 거기서 슬피 울며 이를 갊이 있으리라 하니라.

14. 청함을 받은 자는 많되 택함을 입은 자는 적으니라.

예수님께서는 이 비유에서 하나님이 자기 왕국에 참여할 수 있는 사람들의 폭을 넓히신다는 메시지를 전달하고 있다. 그 초청을 받아들이면 기쁨으로 잔치를 즐기지만 거절하는 자들에게는 심판이 기다리고 있다. 이것은 종말 관련 구절의 선과 악 사이의 최후 전쟁을 가리킬 가능성이 더 높다.

최후의 심판에서 하나님의 진정한 백성들이 밝혀질 것이다. '비참한 최후를 맞아' 마땅한 악한 소작농처럼 연회에 참석한 이 협잡꾼은 손발을 묶은 채 어두 운데 내어 쫓겨 슬퍼 물며 이를 갈게 될 운명에 처해짐을 알아야 한다.[56]

---

56) 브루스 B. 바톤 외 3인, 『마태복음』, 650-55.

4과 열처녀 비유
(마태복음 25;1-13)

■ **열처녀 비유**

1. 그 때에 천국은 마치 등을 들고 신랑을 맞으러 나간 열 처녀와 같다 하리니

2. 그 중에 다섯은 미련하고 다섯은 슬기 있는지라

3. 미련한 자들은 등을 가지되 기름을 가지지 아니하고

4. 슬기 있는 자들은 그릇에 기름을 담아 등과 함께 가져갔더니

5. 신랑이 더디 오므로 다 졸며 잘쌔

6. 밤중에 소리가 나되 보라 신랑이로다 맞으러 나오라 하매

7. 이에 그 처녀들이 다 일어나 등을 준비할쌔

8. 미련한 자들이 슬기 있는 자들에게 이르되 우리 등불이 꺼져가니 너희 기름을 좀 나눠 달라 하거늘

9. 슬기 있는 자들이 대답하여 가로되 우리와 너희의 쓰기에 다 부족할까 하노니 차라리 파는 자들에게 가서 너희 쓸 것을 사라 하니

10. 저희가 사러 간 동안에 신랑이 오므로 예비하였던 자들은 함께 혼인 잔치에 들어가고 문은 닫힌지라

11. 그 후에 남은 처녀들이 와서 가로되 주여 주여 우리에게 열어 주소서

12. 대답하여 가로되 진실로 너희에게 이르노니 내가 너희를 알지

못하노라 하였느니라

13. 그런즉 깨어 있으라 너희는 그 날과 그 시를 알지 못하느니라

이 비유는 공동체 내의 열광주의자들에 대한 경고로 사용되었을 가능성이 있다. 즉 임박한 재림에 대한 간절한 기대에 빠져서, 계속되는 역사 속에서 그 믿음을 지탱할 수 있는 힘을 잃어버린 사람들에 대한 경고라는 말이다.57) 즉 천국은 끝까지 인내하고 억울함을 승화시켜 선한 행실로 예수님을 빛낸 자가 된 사람만이 천국 갈 수 있는 것이다.

---

57) 김영봉, 『마태복음 II』 (서울: 대한기독교서회, 2015), 374.

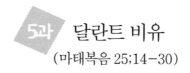

5과 달란트 비유
(마태복음 25;14-30)

■ 달란트 비유

14. 또 어떤 사람이 타국에 갈제 그 종들을 불러 자기 소유를 맡김과 같으니

15. 각각 그 재능대로 하나에게는 금 다섯 달란트를, 하나에게는 두 달란트를, 하나에게는 한 달란트를 주고 떠났더니

16. 다섯 달란트 받은 자는 바로 가서 그것으로 장사하여 또 다섯 달란트를 남기고

17. 두 달란트 받은 자도 그같이 하여 또 두 달란트를 남겼으되

18. 한 달란트 받은 자는 가서 땅을 파고 그 주인의 돈을 감추어 두었더니

19. 오랜 후에 그 종들의 주인이 돌아와 저희와 회계할쌔

20. 다섯 달란트 받았던 자는 다섯 달란트를 더 가지고 와서 가로되 주여 내게 다섯 달란트를 주셨는데 보소서 내가 또 다섯 달란트를 남겼나이다

21. 그 주인이 이르되 잘 하였도다 착하고 충성된 종아 네가 작은 일에 충성하였으매 내가 많은 것으로 네게 맡기리니 네 주인의 즐거움에 참예할찌어다 하고

22. 두 달란트 받았던 자도 와서 가로되 주여 내게 두 달란트를 주셨는데 보소서 내가 또 두 달란트를 남겼나이다

23. 그 주인이 이르되 잘 하였도다 착하고 충성된 종아 네가 작은 일에 충성하였으매 내가 많은 것으로 네게 맡기리니 네 주인의 즐거움에 참예할찌어다 하고

24. 한 달란트 받았던 자도 와서 가로되 주여 당신은 굳은 사람이라 심지 않은데서 거두고 헤치지 않은데서 모으는 줄을 내가 알았으므로

25. 두려워하여 나가서 당신의 달란트를 땅에 감추어 두었었나이다 보소서 당신의 것을 받으셨나이다

26. 그 주인이 대답하여 가로되 악하고 게으른 종아 나는 심지 않은데서 거두고 헤치지 않은데서 모으는 줄로 네가 알았느냐

27. 그러면 네가 마땅히 내 돈을 취리하는 자들에게나 두었다가 나로 돌아 와서 내 본전과 변리를 받게 할 것이니라 하고

28. 그에게서 그 한 달란트를 빼앗아 열 달란트 가진 자에게 주어라

29. 무릇 있는 자는 받아 풍족하게 되고 없는 자는 그 있는 것까지 빼앗기리라

30. 이 무익한 종을 바깥 어두운데로 내어쫓으라 거기서 슬피 울며 이를 갊이 있으리라 하니라

하나님이 위탁하신 것을 제대로 활용하지 못하고 하나님 나라 확장을 위해 그것을 사용하지 않는 것은 심각한 심판을 받게 될 악한 죄악이다.[58]

---

58) 브루스 B. 바톤 외 3인, 『마태복음』, 747.

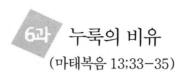

6과 누룩의 비유
(마태복음 13;33-35)

■ **누룩의 비유**

33. 또 비유로 말씀하시되 천국은 마치 여자가 가루 서말 속에 갖다 넣어 전부 부풀게 한 누룩과 같으니라

34. 예수께서 이 모든 것을 무리에게 비유로 말씀하시고 비유가 아니면 아무 것도 말씀하지 아니하셨으니

35. 이는 선지자로 말씀하신바 내가 입을 열어 비유로 말하고 창세부터 감추인 것들을 드러내리라 함을 이루려 하심이니라

이사야 시대의 완악한 마음과 불신앙 양식이 예수 시대에 반복되고 있었다. 이스라엘 전체가 이사야의 임박한 침략 경고들을 믿지 않았으며, 예수님의 천국 메시지도 믿지 않았다.59)

지금의 이 시대도 반복되는 경우 결코 천국에 들어가지 못함을 알아야 할 것이다.

---

59) 데이비드 터너, 『마태복음』, 454.

 # 그물의 비유
(마태복음 13;47-52)

■ **그물의 비유**

47. 또 천국은 마치 바다에 치고 각종 물고기를 모는 그물과 같으니

48. 그물에 가득하매 물 가로 끌어 내고 앉아서 좋은 것은 그릇에 담고 못된 것은 내어 버리느니라

49. 세상 끝에도 이러하리라 천사들이 와서 의인 중에서 악인을 갈라 내어

50. 풀무 불에 던져 넣으리니 거기서 울며 이를 갊이 있으리라

51. 이 모든 것을 깨달았느냐 하시니 대답하되 그러하오이다

52. 예수께서 가라사대 그러므로 천국의 제자된 서기관마다 마치 새것과 옛것을 그 곳간에서 내어오는 집주인과 같으니라.

이 비유는 그 최후의 심판에 초점을 맞추고 있다. 그물이 온갖 종류의 물고기를 낚듯이, 복음의 메시지는 온갖 종류의 사람들에게 전파될 것이다. 세상 끝에, 천사들이 악인과 의인을 구분함으로, '고기를 분류'할 것이다. 거두어져 불태워질 가라지와 마찬가지로, 나쁜 고기들은 풀무 불에 던져질 것이다.[60] 불에 던져져 살이 타는 고통에도 죽지 못하고 울며 이를 갊이 있으리라고 예수님은 경고하고 심판할 것이라고 경고하고 계십니다.

---

60) 브루스 B. 바톤 외 3인, 『마태복음』, 429-30

8과 달란트 비유

(마태복음 25;13-46)

■ **달란트 비유**

13. 그런즉 깨어 있으라 너희는 그 날과 그 시를 알지 못하느니라

14. 또 어떤 사람이 타국에 갈제 그 종들을 불러 자기 소유를 맡김과 같으니

15. 각각 그 재능대로 하나에게는 금 다섯 달란트를, 하나에게는 두 달란트를, 하나에게는 한 달란트를 주고 떠났더니

16. 다섯 달란트 받은 자는 바로 가서 그것으로 장사하여 또 다섯 달란트를 남기고

17. 두 달란트 받은 자도 그같이 하여 또 두 달란트를 남겼으되

18. 한 달란트 받은 자는 가서 땅을 파고 그 주인의 돈을 감추어 두었더니

19. 오랜 후에 그 종들의 주인이 돌아와 저희와 회계할쌔

20. 다섯 달란트 받았던 자는 다섯 달란트를 더 가지고 와서 가로되 주여 내게 다섯 달란트를 주셨는데 보소서 내가 또 다섯 달란트를 남겼나이다

21. 그 주인이 이르되 잘 하였도다 착하고 충성된 종아 네가 작은 일에 충성하였으매 내가 많은 것으로 네게 맡기리니 네 주인의 즐거움에 참예할찌어다 하고

22. 두 달란트 받았던 자도 와서 가로되 주여 내게 두 달란트를 주셨는데 보소서 내가 또 두 달란트를 남겼나이다

23. 그 주인이 이르되 잘 하였도다 착하고 충성된 종아 네가 작은 일에 충성하였으매 내가 많은 것으로 네게 맡기리니 네 주인의 즐거움에 참예할찌어다 하고

24. 한 달란트 받았던 자도 와서 가로되 주여 당신은 굳은 사람이라 심지 않은데서 거두고 헤치지 않은데서 모으는 줄을 내가 알았으므로

25. 두려워하여 나가서 당신의 달란트를 땅에 감추어 두었었나이다 보소서 당신의 것을 받으셨나이다

26. 그 주인이 대답하여 가로되 악하고 게으른 종아 나는 심지 않은데서 거두고 헤치지 않은데서 모으는 줄로 네가 알았느냐

27. 그러면 네가 마땅히 내 돈을 취리하는 자들에게나 두었다가 나로 돌아 와서 내 본전과 변리를 받게 할 것이니라 하고

28. 그에게서 그 한 달란트를 빼앗아 열 달란트 가진 자에게 주어라

29. 무릇 있는 자는 받아 풍족하게 되고 없는 자는 그 있는 것까지 빼앗기리라

30. 이 무익한 종을 바깥 어두운데로 내어쫓으라 거기서 슬피 울며 이를 갊이 있으리라 하니라

31. 인자가 자기 영광으로 모든 천사와 함께 올때에 자기 영광의 보좌에 앉으리니

32. 모든 민족을 그 앞에 모으고 각각 분별하기를 목자가 양과 염소를 분별하는것 같이 하여

33. 양은 그 오른편에, 염소는 왼편에 두리라

34. 그 때에 임금이 그 오른편에 있는 자들에게 이르시되 내 아버지께 복 받을 자들이여 나아와 창세로부터 너희를 위하여 예비된 나라를 상속하라

35. 내가 주릴 때에 너희가 먹을 것을 주었고 목마를 때에 마시게 하였고 나그네 되었을 때에 영접하였고

36. 벗었을 때에 옷을 입혔고 병들었을 때에 돌아보았고 옥에 갇혔을 때에 와서 보았느니라

37. 이에 의인들이 대답하여 가로되 주여 우리가 어느 때에 주의 주리신 것을 보고 공궤하였으며 목마르신 것을 보고 마시게 하였나이까

38. 어느 때에 나그네 되신 것을 보고 영접하였으며 벗으신 것을 보고 옷 입혔나이까

39. 어느 때에 병드신 것이나 옥에 갇히신 것을 보고 가서 뵈었나이까 하리니

40. 임금이 대답하여 가라사대 내가 진실로 너희에게 이르노니 너희가 여기 내 형제 중에 지극히 작은 자 하나에게 한 것이 곧 내게 한 것이니라 하시고

41. 또 왼편에 있는 자들에게 이르시되 저주를 받은 자들아 나를 떠나 마귀와 그 사자들을 위하여 예비된 영영한 불에 들어가라

42. 내가 주릴 때에 너희가 먹을 것을 주지 아니하였고 목마를 때에 마시게 하지 아니하였고

43. 나그네 되었을 때에 영접하지 아니하였고 벗었을 때에 옷 입히지 아니하였고 병들었을 때와 옥에 갇혔을 때에 돌아보지 아니하였느니라 하시니

44. 저희도 대답하여 가로되 주여 우리가 어느 때에 주의 주리신

것이나 목마르신 것이나 나그네 되신 것이나 벗으신 것이나 병드신 것이나 옥에 갇히신 것을 보고 공양치 아니하더이까

45. 이에 임금이 대답하여 가라사대 내가 진실로 너희에게 이르노니 이 지극히 작은 자 하나에게 하지 아니한 것이 곧 내게 하지 아니한 것이니라 하시리니

46. 저희는 영벌에, 의인들은 영생에 들어가리라 하시니라

왼편에 있는 자들은 영벌에 들어가며, 오른편에 있는 자들은 영생에 들어간다. 예수님은 자신의 마음대로 천사들을 부릴 수 있다. 예수님은 세상의 인류와 임금의 궁극적인 심판자다.[61] '그 나라'이거나 영영한 불에 들어가 하나님과 영원히 분리되는 두 결과만 있을 것이다. 영원한 형벌은 회개하기를 거부한 모든 자들이 사후에 형벌을 받는 장소인 지옥에 가 있게 될 것이다. 이곳은 영원한 불의 장소로 마귀와 천사들과 그리스도를 믿지 아니한 모든 자들을 위하여 예비되어 있는 곳이다. 이것은 부활과 예수 그리스도의 최후의 심판 후 악한 자들의 궁극적이고 영원한 상태다.[62]

최후의 심판을 줄 것이라고 말씀하고 계십니다.

---

61) 데이비드 터너, 『마태복음』, 787-88.
62) 브루스 B. 바튼 외 3인, 『마태복음』, 755-56.

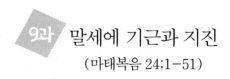
말세에 기근과 지진
(마태복음 24;1-51)

■ 말세에 기근과 지진

1. 예수께서 성전에서 나와서 가실 때에 제자들이 성전 건물들을 가리켜 보이려고 나아오니

2. 대답하여 가라사대 너희가 이 모든 것을 보지 못하느냐 내가 진실로 너희에게 이르노니 돌 하나도 돌 위에 남지 않고 다 무너뜨리우리라

3. 예수께서 감람산 위에 앉으셨을 때에 제자들이 종용히 와서 가로되 우리에게 이르소서 어느 때에 이런 일이 있겠사오며 또 주의 임하심과 세상 끝에는 무슨 징조가 있사오리이까

4. 예수께서 대답하여 가라사대 너희가 사람의 미혹을 받지 않도록 주의하라

5. 많은 사람이 내 이름으로 와서 이르되 나는 그리스도라 하여 많은 사람을 미혹케 하리라

6. 난리와 난리 소문을 듣겠으나 너희는 삼가 두려워 말라 이런 일이 있어야 하되 끝은 아직 아니니라

7. 민족이 민족을, 나라가 나라를 대적하여 일어나겠고 처처에 기근과 지진이 있으리니

8. 이 모든 것이 재난의 시작이니라

9. 그 때에 사람들이 너희를 환난에 넘겨주겠으며 너희를 죽이리니 너희가 내 이름을 위하여 모든 민족에게 미움을 받으리라

10. 그 때에 많은 사람이 시험에 빠져 서로 잡아 주고 서로 미워하겠으며

11. 거짓 선지자가 많이 일어나 많은 사람을 미혹하게 하겠으며

12. 불법이 성하므로 많은 사람의 사랑이 식어지리라

13. 그러나 끝까지 견디는 자는 구원을 얻으리라

14. 이 천국 복음이 모든 민족에게 증거되기 위하여 온 세상에 전파되리니 그제야 끝이 오리라

15. 그러므로 너희가 선지자 다니엘의 말한바 멸망의 가증한 것이 거룩한 곳에 선 것을 보거든 (읽는 자는 깨달을찐저)

16. 그 때에 유대에 있는 자들은 산으로 도망할찌어다

17. 지붕 위에 있는 자는 집안에 있는 물건을 가질러 내려 가지 말며

18. 밭에 있는 자는 겉옷을 가질러 뒤로 돌이키지 말찌어다

19. 그 날에는 아이 밴 자들과 젖먹이는 자들에게 화가 있으리로다

20. 너희의 도망하는 일이 겨울에나 안식일에 되지 않도록 기도하라

21. 이는 그 때에 큰 환난이 있겠음이라 창세로부터 지금까지 이런 환난이 없었고 후에도 없으리라

22. 그 날들을 감하지 아니할 것이면 모든 육체가 구원을 얻지 못할 것이나 그러나 택하신 자들을 위하여 그 날들을 감하시리라

23. 그 때에 사람이 너희에게 말하되 보라 그리스도가 여기 있다 혹 저기 있다 하여도 믿지 말라

24. 거짓 그리스도들과 거짓 선지자들이 일어나 큰 표적과 기사를 보이어 할 수만 있으면 택하신 자들도 미혹하게 하리라

25. 보라 내가 너희에게 미리 말하였노라

26. 그러면 사람들이 너희에게 말하되 보라 그리스도가 광야에 있다 하여도 나가지 말고 보라 골방에 있다 하여도 믿지 말라

27. 번개가 동편에서 나서 서편까지 번쩍임 같이 인자의 임함도 그러하리라

28. 주검이 있는 곳에는 독수리들이 모일찌니라

29. 그 날 환난 후에 즉시 해가 어두워지며 달이 빛을 내지 아니하며 별들이 하늘에서 떨어지며 하늘의 권능들이 흔들리리라

30. 그 때에 인자의 징조가 하늘에서 보이겠고 그 때에 땅의 모든 족속들이 통곡하며 그들이 인자가 구름을 타고 능력과 큰 영광으로 오는 것을 보리라

31. 저가 큰 나팔소리와 함께 천사들을 보내리니 저희가 그 택하신 자들을 하늘 이 끝에서 저 끝까지 사방에서 모으리라

32. 무화과나무의 비유를 배우라 그 가지가 연하여지고 잎사귀를 내면 여름이 가까운 줄을 아나니

33. 이와 같이 너희도 이 모든 일을 보거든 인자가 가까이 곧 문앞에 이른줄 알라

34. 내가 진실로 너희에게 말하노니 이 세대가 지나가기 전에 이 일이 다 이루리라

35. 천지는 없어지겠으나 내 말은 없어지지 아니하리라

36. 그러나 그 날과 그 때는 아무도 모르나니 하늘의 천사들도, 아들도 모르고 오직 아버지만 아시느니라

37. 노아의 때와 같이 인자의 임함도 그러하리라

38. 홍수 전에 노아가 방주에 들어가던 날까지 사람들이 먹고 마

시고 장가 들고 시집 가고 있으면서

39. 홍수가 나서 저희를 다 멸하기까지 깨닫지 못하였으니 인자의 임함도 이와 같으리라

40. 그때에 두 사람이 밭에 있으매 하나는 데려감을 당하고 하나는 버려둠을 당할 것이요

41. 두 여자가 매를 갈고 있으매 하나는 데려감을 당하고 하나는 버려둠을 당할 것이니라

42. 그러므로 깨어 있으라 어느 날에 너희 주가 임할는지

43. 너희가 알지 못함이니라 너희도 아는바니 만일 집 주인이 도적이 어느 경점에 올 줄을 알았더면 깨어 있어 그 집을 뚫지 못하게 하였으리라

44. 이러므로 너희도 예비하고 있으라 생각지 않은 때에 인자가 오리라

45. 충성되고 지혜 있는 종이 되어 주인에게 그 집 사람들을 맡아 때를 따라 양식을 나눠 줄 자가 누구뇨

46. 주인이 올 때에 그 종의 이렇게 하는 것을 보면 그 종이 복이 있으리로다

47. 내가 진실로 너희에게 이르노니 주인이 그 모든 소유를 저에게 맡기리라

48. 만일 그 악한 종이 마음에 생각하기를 주인이 더디 오리라 하여

49. 동무들을 때리며 술친구들로 더불어 먹고 마시게 되면

50. 생각지 않은 날 알지 못하는 시간에 그 종의 주인이 이르러

51. 엄히 때리고 외식하는 자의 받는 율에 처하리니 거기서 슬피 울며 이를 갊이 있으리라

앞에서 제자들은 성전 멸망과 예수의 재림이 연속된 사건인 것처럼 생각하고 질문을 하였다. 이 질문에 대한 대답에서 예수님께서는 이 두 사건을 연속된 사건으로 보지 않고, 직접 말세에 대한 가르침을 주신다.[63)

국제적 침략과 지질학적 폐해는 종교적 오류들과 동시에 일어날 것이다. 이러한 사건들이 불가피한 것은 하나님이 이를 계획하셨기 때문이다. 오히려 이러한 일들은 단순히 세상에 임할 메시아적 화들의 첫 단계에 불과하다 여자의 해산 고통은 유대교 문헌 여러 곳과 신약 성경에서 종말론적 고통들에 대한 하나의 은유로 사용된다. 기근은 특히 고대 시대에 전쟁의 필연적인 결과였다.

지진은 특히 혼돈이 자연 그 자체에 확대되는 것이기 때문에 특히 불길하다. 공포스러운 일로서 우리는 예수님이 '언제' 올지는 알지 못하고 예수님이 올 '것'만 알기 때문에 생각지도 않은 때에 항상 예수님을 맞이할 준비를 해야 한다.[64)

---

63) 김영봉, 『마태복음II』, 344.
64) 데이비드 터너, 『마태복음』, 740-62.

10과 겨자씨 비유
(마가복음 4;30-34)

■ 겨자씨 비유

30. 또 가라사대 우리가 하나님의 나라를 어떻게 비하며 또 무슨 비유로 나타낼꼬

31. 겨자씨 한 알과 같으니 땅에 심길 때에는 땅위의 모든 씨보다 작은 것이로되

32. 심긴 후에는 자라서 모든 나물보다 커지며 큰 가지를 내니 공중의 새들이 그 그늘에 깃들일 만큼 되느니라

33. 예수께서 이러한 많은 비유로 저희가 알아 들을 수 있는대로 말씀을 가르치시되

34. 비유가 아니면 말씀하지 아니하시고 다만 혼자 계실 때에 그 제자들에게 모든 것을 해석하시더라

마가는 이 비유를 통하여 예수님 시대의 곤경과 나약과 고난이 그대로 부활 이후 자기 시대에도 계속되기는 하지만, 예수님 시대와 똑같이 자기의 시대도 하나님 나라의 천국은 최후 완성에 대한 약속으로 빛나는 시대임을 나타내려 했을 것이다.[65]

천국은 상상을 초월하는 하나님 나라를 기대할 수 있는 것이다.

---

65) 박수암, 『마가복음』 (서울: 대한기독교서회, 2015), 242.

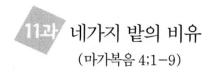

네가지 밭의 비유
(마가복음 4;1-9)

■ 네 가지 밭의 비유

1. 예수께서 다시 바닷가에서 가르치시니 큰 무리가 모여 들거늘 예수께서 배에 올라 바다에 떠 앉으시고 온 무리는 바다 곁 육지에 있더라

2. 이에 예수께서 여러가지를 비유로 가르치시니 그 가르치시는 중에 저희에게 이르시되

3. 들으라 씨를 뿌리는 자가 뿌리러 나가서

4. 뿌릴쌔 더러는 길 가에 떨어지매 새들이 와서 먹어 버렸고

5. 더러는 흙이 얇은 돌밭에 떨어지매 흙이 깊지 아니하므로 곧 싹이 나오나

6. 해가 돋은 후에 타져서 뿌리가 없으므로 말랐고

7. 더러는 가시떨기에 떨어지매 가시가 자라 기운을 막으므로 결실치 못하였고

8. 더러는 좋은 땅에 떨어지매 자라 무성하여 결실하였으니 삼십 배와 육십배와 백배가 되었느니라 하시고

9. 또 이르시되 들을 귀 있는 자는 들으라 하시니라

이 비유를 성장 비유의 노선에 따라 해석하여 삼십 배, 육십 배, 백

배가 매우 엄청나기 때문에 이들이 종말론적 완성을 가리키는 것이어야 한다고 이해하는 것이다.

이 견해에 따르면 하나님 나라가 지금 도래했지만 지금 그 나라는 인식되지 않고 있다.[66]

우리는 말씀을 순종하며 하나님 나라를 이루는 선택된 신자만이 천국에서 예수님을 맞는 자가 될 것이다.

---

66) 로버트 스타인, 『마가복음』 배용덕 역, (서울: 부흥과 개혁사, 2014), 289.

12과 악한 소작인들 비유
(마가복음 12;1-12)

■ 악한 소작인들 비유

1. 예수께서 비유로 그들에게 말씀하시되 한 사람이 포도원을 만들어 산울타리로 두르고 즙 짜는 틀을 만들고 망대를 지어서 농부들에게 세로 주고 타국에 갔더니

2. 때가 이르매 농부들에게 포도원 소출 얼마를 받으려고 한 종을 보내니

3. 그들이 종을 잡아 심히 때리고 거저 보내었거늘

4. 다시 다른 종을 보내니 그의 머리에 상처를 내고 능욕하였거늘

5. 또 다른 종을 보내니 그들이 그를 죽이고 또 그 외 많은 종들도 더러는 때리고 더러는 죽인지라

6. 이제 한 사람이 남았으니 곧 그가 사랑하는 아들이라 최후로 이를 보내며 이르되 내 아들은 존대하리라 하였더니

7. 그 농부들이 서로 말하되 이는 상속자니 자 죽이자 그러면 그 유산이 우리 것이 되리라 하고

8. 이에 잡아 죽여 포도원 밖에 내던졌느니라

9. 포도원 주인이 어떻게 하겠느냐 와서 그 농부들을 진멸하고 포도원을 다른 사람들에게 주리라

10. 너희가 성경에 건축자들이 버린 돌이 모퉁이의 머릿돌이 되었나니

11. 이것은 주로 말미암아 된 것이요 우리 눈에 놀랍도다 함을 읽어 보지도 못하였느냐 하시니라

12. 그들이 예수의 이 비유가 자기들을 가리켜 말씀하심인 줄 알고 잡고자 하되 무리를 두려워하여 예수를 두고 가니라

예수님은 곧바로 비유를 말씀하심으로써 종교 지도자들과의 첫 번째 논쟁을 더욱 분명히 하셨다.

악한 소작인의 비유에서 예수님은 구약성경에 나오는 강한 심판의 이미지를 사용하셨다. 이사야의 이 고대 시기는 예루살렘을 지명하여 고발하고 있다.

종교 지도자들은 곧바로 자신들을 향한 비난이라는 것을 알아차렸다.[67]

농부들의 행동에 대한 결과로 하나님이 심판하러 오실 것이다. 이 심판은 두 가지를 포함한다. 즉 농부들을 진멸하고 포도원을 다른 사람들에게 주는 것이다.[68]

포도원을 받을 수 있는 자가 되어야 한다. 즉 예수 그리스도의 심판에 포도원의 참된 경영인으로 천국 갈 수 있는 자가 되어야 하는 것이다.

---

67) 브루스 B. 바톤 외 4인, 『마가복음』 박대영 역, (서울: 한국성서유니온선교회, 2015), 513.
68) 로버트 스타인, 『마가복음』 배용덕 역, (서울: 부흥과 개혁사, 2014), 758.

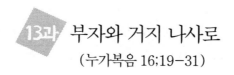

13과 부자와 거지 나사로
(누가복음 16;19-31)

■ **부자와 거지 나사로**

19. 한 부자가 있어 자색 옷과 고운 베옷을 입고 날마다 호화로이 연락하는데

20. 나사로라 이름한 한 거지가 헌데를 앓으며 그 부자의 대문에 누워

21. 부자의 상에서 떨어지는 것으로 배불리려 하매 심지어 개들이 와서 그 헌데를 핥더라

22. 이에 그 거지가 죽어 천사들에게 받들려 아브라함의 품에 들어가고 부자도 죽어 장사되매

23. 저가 음부에서 고통 중에 눈을 들어 멀리 아브라함과 그의 품에 있는 나사로를 보고

24. 불러 가로되 아버지 아브라함이여 나를 긍휼히 여기사 나사로를 보내어 그 손가락 끝에 물을 찍어 내 혀를 서늘하게 하소서 내가 이 불꽃 가운데서 고민하나이다

25. 아브라함이 가로되 얘 너는 살았을 때에 네 좋은 것을 받았고 나사로는 고난을 받았으니 이것을 기억하라 이제 저는 여기서 위로를 받고 너는 고민을 받느니라

26. 이뿐 아니라 너희와 우리 사이에 큰 구렁이 끼어 있어 여기서 너희에게 건너가고자 하되 할 수 없고 거기서 우리에게 건너 올 수도

없게 하였느니라

27. 가로되 그러면 구하노니 아버지여 나사로를 내 아버지의 집에 보내소서

28. 내 형제 다섯이 있으니 저희에게 증거하게 하여 저희로 이 고통 받는 곳에 오지 않게 하소서

29. 아브라함이 가로되 저희에게 모세와 선지자들이 있으니 그들에게 들을찌니라

30. 가로되 그렇지 아니하니이다 아버지 아브라함이여 만일 죽은 자에게서 저희에게 가는 자가 있으면 회개하리이다

31. 가로되 모세와 선지자들에게 듣지 아니하면 비록 죽은 자 가운데서 살아나는 자가 있을찌라도 권함을 받지 아니하리라 하였다 하시니라

예수님은 모든 사람이 숙고해 보아야 할 말을 들려준다. 곧 부자들은 이 세상의 재물이 제공해 주는 그릇된 안전을 포기하려고 하지 않기 때문에, 그들이 하나님 나라에 들어가기가 매우 어렵다고 말한다.69) 이 비유는 하나님의 최후 심판뿐만 아니라 재물을 추구하는 데 따르는 위험에 대해서도 가르쳐 준다.70)

재물에 나의 중심이 되지 말고 천국복음에 나의 온 힘을 쏟아야 천국에 갈 수 있다.

---

69) 대럴 벅, 『BECNT 누가복음 II』 신지철 역, (서울: 부흥과 개혁사, 2013), 792.
70) 브루스 B. 바톤 외 4인, 『마가복음』, 633.

14과 부자관원과 하나님 나라
(누가복음 18;18-30)

■ **부자 관원과 하나님 나라**

18. 어떤 관원이 물어 가로되 선한 선생님이여 내가 무엇을 하여야 영생을 얻으리이까

19. 예수께서 이르시되 네가 어찌하여 나를 선하다 일컫느냐 하나님 한분 외에는 선한 이가 없느니라

20. 네가 계명을 아나니 간음하지 말라, 살인하지 말라, 도적질하지 말라, 거짓증거하지 말라, 네 부모를 공경하라 하였느니라

21. 여짜오되 이것은 내가 어려서부터 다 지키었나이다

22. 예수께서 이 말을 들으시고 이르시되 네가 오히려 한 가지 부족한 것이 있으니 네게 있는 것을 다 팔아 가난한 자들을 나눠 주라 그리하면 하늘에서 보화가 네게 있으리라 그리고 와서 나를 좇으라 하시니

23. 그 사람이 큰 부자인고로 이 말씀을 듣고 심히 근심하더라

24. 예수께서 저를 보시고 가라사대 재물이 있는 자는 하나님의 나라에 들어가기가 어떻게 어려운지

25. 약대가 바늘귀로 들어가는 것이 부자가 하나님의 나라에 들어가는 것보다 쉬우니라 하신대

26. 듣는 자들이 가로되 그런즉 누가 구원을 얻을 수 있나이까

27. 가라사대 무릇 사람의 할 수 없는 것을 하나님은 하실 수 있느니라

28. 베드로가 여짜오되 보옵소서 우리가 우리의 것을 다 버리고 주를 좇았나이다

29. 이르시되 내가 진실로 너희에게 이르노니 하나님의 나라를 위하여 집이나 아내나 형제나 부모나 자녀를 버린 자는

30. 금세에 있어 여러 배를 받고 내세에 영생을 받지 못할 자가 없느니라 하시니라

성경은 예수 그리스도께서 온 세상을 심판할 수 있는 권위를 받으셨다고 가르치고 있다. 그리스도께서 재림하시면 최후의 심판이 있을 것이다. 그때 모든 인간의 삶이 평가를 받을 것이다. 성도들의 운명은 확정되어 있지만, 예수님은 그들의 하늘의 보상을 받기 위해서 재능과 기회와 책임을 감당한 방법을 평가하실 것이다.[71]

나의 재물을 활용하여 복음전파에 힘쓴 자는 예수님의 재림 때 예수님의 최후의 심판에 하늘의 보상을 받을 수 있다는 기회와 방법을 제시하고 있다.

---

71) 브루스 B. 바톤 외 4인, 『마가복음』, 683.

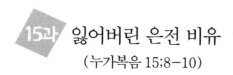

잃어버린 은전 비유
(누가복음 15;8-10)

■ **잃어버린 은전 비유**

8. 어느 여자가 열 드라크마가 있는데 하나를 잃으면 등불을 켜고 집을 쓸며 찾도록 부지런히 찾지 아니하겠느냐

9. 또 찾은즉 벗과 이웃을 불러 모으고 말하되 나와 함께 즐기자 잃은 드라크마를 찾았노라 하리라

10. 내가 너희에게 이르노니 이와 같이 죄인 하나가 회개하면 하나님의 사자들 앞에 기쁨이 되느니라

이 비유에서 예수님은 죄악된 생활 속에 빠져 허덕이는 사람들을 위한 하나님의 사랑을 묘사하고 있다.[72]

하지만 회개하지 않고 하나님께로 돌아오지 않는다면, 영원히 지옥 불에 떨어지게 된다.

---

72) 브루스 B. 바톤 외 4인, 『마가복음』, 602.

16과 돌아온 탕자
(누가복음15;11-32)

■ 돌아온 탕자

11. 또 가라사대 어떤 사람이 두 아들이 있는데

12. 그 둘째가 아비에게 말하되 아버지여 재산 중에서 내게 돌아올 분깃을 내게 주소서 하는지라 아비가 그 살림을 각각 나눠 주었더니

13. 그 후 며칠이 못되어 둘째 아들이 재물을 다 모아가지고 먼 나라에 가 거기서 허랑방탕하여 그 재산을 허비하더니

14. 다 없이한 후 그 나라에 크게 흉년이 들어 저가 비로소 궁핍한지라

15. 가서 그 나라 백성 중 하나에게 붙여 사니 그가 저를 들로 보내어 돼지를 치게 하였는데

16. 저가 돼지 먹는 쥐엄 열매로 배를 채우고자 하되 주는 자가 없는지라

17. 이에 스스로 돌이켜 가로되 내 아버지에게는 양식이 풍족한 품군이 얼마나 많은고 나는 여기서 주려 죽는구나

18. 내가 일어나 아버지께 가서 이르기를 아버지여 내가 하늘과 아버지께 죄를 얻었사오니

19. 지금부터는 아버지의 아들이라 일컬음을 감당치 못하겠나이다 나를 품군의 하나로 보소서 하리라 하고

20. 이에 일어나서 아버지께로 돌아가니라 아직도 상거가 먼데 아버지가 저를 보고 측은히 여겨 달려가 목을 안고 입을 맞추니

21. 아들이 가로되 아버지여 내가 하늘과 아버지께 죄를 얻었사오니 지금부터는 아버지의 아들이라 일컬음을 감당치 못하겠나이다 하나

22. 아버지는 종들에게 이르되 제일 좋은 옷을 내어다가 입히고 손에 가락지를 끼우고 발에 신을 신기라

23. 그리고 살진 송아지를 끌어다가 잡으라 우리가 먹고 즐기자

24. 이 내 아들은 죽었다가 다시 살아났으며 내가 잃었다가 다시 얻었노라 하니 저희가 즐거워하더라

25. 맏아들은 밭에 있다가 돌아와 집에 가까왔을 때에 풍류와 춤추는 소리를 듣고

26. 한 종을 불러 이 무슨 일인가 물은대

27. 대답하되 당신의 동생이 돌아왔으매 당신의 아버지가 그의 건강한 몸을 다시 맞아 들이게 됨을 인하여 살진 송아지를 잡았나이다 하니

28. 저가 노하여 들어가기를 즐겨 아니하거늘 아버지가 나와서 권한대

29. 아버지께 대답하여 가로되 내가 여러 해 아버지를 섬겨 명을 어김이 없거늘 내게는 염소 새끼라도 주어 나와 내 벗으로 즐기게 하신 일이 없더니

30. 아버지의 살림을 창기와 함께 먹어버린 이 아들이 돌아오매 이를 위하여 살진 송아지를 잡으셨나이다

31. 아버지가 이르되 애 너는 항상 나와 함께 있으니 내 것이 다 네 것이로되

32. 이 네 동생은 죽었다가 살았으며 내가 잃었다가 얻었기로 우리가 즐거워하고 기뻐하는 것이 마땅하다 하니라

즉 잃은 아들 비유는 앞의 두 비유와 함께 또는 그 두 비유의 결론으로 죄인에 대한 복음선포를 옹호하는 비유이면서, 재물의 적절한 사용을 가르치는 비유가 되고 있는 셈이다.[73]

하지만, 그의 허랑방탕한 생활방식은 그를 파멸로 이끌 것이다. 얼마 되지 않아 그는 결국 벗어나기 어려운 절망적인 상황에 놓이게 될 것이다.[74] 여기서 돌아오는 죄인에 대한 예수 그리스도의 최후의 심판에서 기뻐하며 즐거이 천국에서 받아 주시는 예수님을 보게 되는 것이다.

예수님은 우리에게 그러므로 너희는 가서 모든 족속으로 제자를 삼으라(마태복음 28장 19절).

내가 세상 끝날까지 너희와 항상 함께 있으리라(마태복음 28장 20절)

　-아멘-

---

73) 김득중, 『누가복음 II』 (서울: 대한기독교서회, 2013), 215.
74) 대릴 벅, 『BECNT 누가복음 II』, 526.

6부

부록 | 수원 그리스도 교회 설교집

수원 그리스도의 교회
Suwon Church Of Christ

하나님은 영이시니

예배하는 자가 신령과 진리로 예배할 찌니라(요4:24).

오늘의 말씀

섬기는 이들

담 임 목 사 : 장 재 명

권   사 : 윤 명 순

목   사 : 장 동 철

반   주 : 장 동 철

권   사 : 성 매 자

권   사 : 장 영 화

※ 헌금은 오실 때 가실 때 불우이웃을 위하여 사용하셔도 좋습니다.

※ 주소 : 경기도 수원시 장안구 팔달로 292번길 15-10(영화동) 2층

예배 순서

2025. 2. 23. 오전 11:00

인도		장동철 목사
예배 성경	(요4:24)	인도자
※묵도		인도자
※찬송	548장	주기도문 인도자
※성시교독 · 시편 1편		인도자
※신앙고백		인도자
시작기도		인도자
찬송	1장	인도자
성경봉독		윤명순 당회장
특별찬송	499장	인도자
설교	장재명	담임목사
찬송	427장	인도자
성찬사	고전11장:23-3	인도자
성찬기도		인도자
성찬송	281장	인도자
※특송	259장	인도자
헌금 기도	윤명순	당회장
교회 소식		인도자
중보기도		윤명순 당회장
※폐회찬송	545장	인도자
※축도	장재명	담임목사

☞ ※ 표는 일어서기 표시입니다.

하늘에 계신(주기도문) 635

하늘에 계신 우리 아버지어
(마 6:9-13)

THE LORD'S PRAYER: IRREG.
A. H. Malotte
Arr. by Jae Eun Ha

주기도송

하늘에 계신아버지 이름거룩하사 주님나

라 임하시고 뜻이 이루어 지이 다

일용할 양 식 주시고 우리 들의큰 죄 다 용서하옵 시고또

시험에 들게마 시고 악에 서구원하 소서대 개 주의 나라 주의

권세 주의 영광 영원 히 아 멘

성만찬

고린도전서 11:23~32

23. 내가 너희에게 전한 것은 주께 받은 것이니 곧 주 예수께서 잡히시던 밤에 떡을 가지사

24. 축사하시고 떼어 이르시되 이것은 너희를 위하는 내 몸이니 이것을 행하여 나를 기념하라 하시고

25. 식후에 또한 그와 같이 잔을 가지시고 이르시되 이 잔은 내 피로 세운 새 언약이니 이것을 행하여 마실 때마다 나를 기념하라 하셨으니

26. 너희가 이 떡을 먹으며 이 잔을 마실 때마다 주의 죽으심을 그가 오실 때까지 전하는 것이니라

27. 그러므로 누구든지 주의 떡이나 잔을 합당하지 않게 먹고 마시는 자는 주의 몸과 피에 대하여 죄를 짓는 것이니라

28. 사람이 자기를 살피고 그 후에야 이 떡을 먹고 이 잔을 마실지니

29. 주의 몸을 분별하지 못하고 먹고 마시는 자는 자기의 죄를 먹고 마시는 것이니라

30. 그러므로 너희 중에 약한 자와 병든 자가 많고 잠자는 자도 적지 아니하니

31. 우리가 우리를 살폈으면 판단을 받지 아니하려니와

32. 우리가 판단을 받는 것은 주께 징계를 받는 것이니 이는 우리로 세상과 함께 정죄함을 받지 않게 하려 하심이라. ─아멘─

우리는 참된 쉼을 얻게 해주신 예수님을 높입니다

성경구절: 마태복음 11:28~30

■ 마태복음 11:28~30

28. 수고하고 무거운 짐 진 자들아 다 내게로 오라 내가 너희를 쉬게 하리라

29. 나는 마음이 온유하고 겸손하니 나의 멍에를 메고 내게 배우라 그리하면 너희 마음이 쉼을 얻으리니

30. 이는 내 멍에는 쉽고 내 짐은 가벼움이라 하시니라

■ 디모데전서 6장 3-5절

3. 누구든지 다른 교훈을 하며 바른 말 곧 우리 주 예수 그리스도의 말씀과 경건에 관한 교훈을 따르지 아니하면

4. 그는 교만하여 아무 것도 알지 못하고 변론과 언쟁을 좋아하는 자니 이로써 투기와 분쟁과 비방과 악한 생각이 나며

5. 마음이 부패하여지고 진리를 잃어 버려 경건을 이익의 방도로 생각하는 자들의 다툼이 일어나느니라 -아멘

서론

☞ 본문에서 "수고하고"라는 말은 '스스로 많은 일을 하여 계속해서 피곤함에 지친 상태'를 가리키는 말입니다.

"무거운 짐 진자"라는 말은 '다른 사람에 의해서 무거운 짐을 진채 계속해서 지쳐있는 상태'를 가리키는 말입니다.

결국 이 세상의 모든 사람은 자신의 욕심 때문에 "수고하고" 다른 사람에 의해서 "무거운 짐"을 지고 삽니다. 그런데 오늘 예수님은 "수고하고 무거운 짐을 지고 살아가는" 이 땅의 모든 사람을 향해서 "내가 너희를 쉬게 하리라"고 하셨습니다.

이 말씀은 마지막 날 영원한 안식만을 뜻하는 것이 아닙니다.

수고와 슬픔뿐인 이 세상에서도 "수고와 무거운 짐"을 벗어버리고 참된 평강과 기쁨과 안식을 누리게 해주시겠다는 뜻입니다.

마 11:28 "수고하고 무거운 짐 진 자들아 다 내게로 오라 내가 너희를 쉬게 하리라"

예수님은 "내가 너희를 쉬게 하리라"고 하셨습니다.

"내가"라는 단어가 강조되어 있습니다. 예수님께서 무거운 짐을 지고 있는 우리를 쉬게 하여 주신다는 것입니다.

그렇습니다. 예수님만이 짐 지고 있는 우리에게 참된 평강과 기쁨과 안식을 주실 수 있습니다. 세상 어떤 것도 우리에게 참된 평강과 기쁨과 안식을 줄 수 없습니다.

이제 본문을 통해서 그러면 어떻게 해야 예수님께서 주시는 참된 평강, 참된 기쁨, 참된 안식을 누릴 수 있는가를 함께 생각하며 은혜를 나누도록 하겠습니다.

1. 주님은 수고하고 무거운 짐을 진 자들에게 다 내게로 오라고 부르십니다(28).

28절을 읽도록 하겠습니다.

마 11:28 "수고하고 무거운 짐 진 자들아 다 내게로 오라 내가 너희를 쉬게 하리라"

수고하고 무거운 짐 진 모든 자들을 향해 다 내게로 오라고 하셨습니다. 예수님께 나가야 참된 쉼을 얻을 수 있습니다. 현대인들의 특징이 무엇인 줄 아십니까? 그것은 피곤하다는 것입니다.

주일에 아무것도 하지 않고 하루 종일 잠을 자고 쉬어도 여전히 피곤합니다. 주일에 하나님께 나와서 예배드리고 은혜를 받으면, 피곤할 거 같지만 피곤하지 않습니다. 몸은 피곤할지라도, 하나님께서 주시는 새 힘을 얻을 수 있는 것입니다.

시 18:1 "나의 힘이신 여호와여 내가 주를 사랑하나이다"

시 28:7 "여호와는 나의 힘과 나의 방패이시니 내 마음이 그를 의지하여 도움을 얻었도다 그러므로 내 마음이 크게 기뻐하며 내 노래로 그를 찬송하리로다"

예수님은 다 내게로 오면 내가 내게 오는 너희를 쉬게 해주시겠다고 하셨습니다.

여러분, 예수님께 나오면 예수님은 그가 과거에 어떤 사람이었는지, 무슨 일을 했는지 보시지 않습니다. 어느 누구나 다 쉬게 해주십니다. 참된 기쁨과 평강과 안식을 주십니다. 아직도 "수고하고 무거운 짐"을 지고 계십니까? 예수님께 나오시기 바랍니다. 예수님께서 여러분에게 쉼을 주실 것입니다.

2. 주님은 수고하고 무거운 짐 진 자들을 부르셔서 '내게 배우라'고 하십니다(29).

두 번째로 생각할 것은 29절입니다.

마 11:29 "나는 마음이 온유하고 겸손하니 나의 멍에를 메고 내게 배우라 그리하면 너희 마음이 쉼을 얻으리니"

예수님은 "마음이 온유하고 겸손"하십니다. "온유한 자가 복"이 있습니다.

마 5:5 "온유한 자는 복이 있나니 그들이 땅을 기업으로 받을 것임이요"

온유하다는 말은 성격이 온순하다는 정도를 말하는 것이 아닙니다.

"온유"는 가지고 있는 충분한 힘이 있음에도 그 힘을 사용하지 않는 것을 말합니다.

충분히 사용할 수 있는 권력이나 힘이 있음에도 그 권력과 힘을 사용하지 않는 것을 말합니다.

오히려 적극적인 사랑으로 고통받으면서도, 그 고통을 오래 참고 인내하는 온화하고 부드러운 마음의 자세를 말합니다. 예수님은 돌로 떡이 되게 하실 수 있습니다. 그러나 돌로 떡을 만드시지 않으셨습니다. 십자가를 지시지 않으실 수도 있습니다. 자신을 십자가에 못 박는 원수들에게 열두 영 더 되는 천사를 보내서 그들을 물리치실 수도 있습니다.

마 26:53 "너는 내가 내 아버지께 구하여 지금 열두 군단 더 되는 천사를 보내시게 할 수 없는 줄로 아느냐" 그러나 예수님은 권한을 쓰지 않으시고 십자가를 지셨고, 모든 고난을 참아내셨습니다.

"나는 마음이 온유하고 겸손하니" 마음의 진정한 평안을 얻으려면 겸손해야 합니다. 예수님은 하나님과 동등이신 분입니다. 곧 하나님 이십니다. 그러나 예수님은 하나님과 동등 됨을 취하시지 않으셨습니다. 우리 죄를 대신 지시고 십자가를 지셨습니다.

사실 우리에게 일어나는 모든 문제는 내가 온유하지 못하기 때문입니다. 내가 겸손하지 못하기 때문입니다. 예수님의 온유와 겸손을 배울 때 예수님이 주시는 참된 평강과 기쁨과 안식을 누릴 수 있습니다. 신앙생활은 예수님을 배우는 것입니다. 예수님의 온유와 겸손을 배우시기를 바랍니다.

3. 주님은 나의 멍에를 메라고 하십니다(29).

그런데 예수님은 온유와 겸손을 배우는데 "나의 멍에를 메고" 배우라고 하셨습니다.

마 11:29 "나는 마음이 온유하고 겸손하니 나의 멍에를 메고 내게 배우라 그리하면 너희 마음이 쉼을 얻으리니"

이 말씀은 잘 이해가 되지 않습니다. 예수님께서 주시는 참된 평강과 기쁨과 안식, 즉 쉼을 얻으러 나온 사람들에게 "멍에"를 메라고 하셨기 때문입니다.

보통 우리는 "멍에"라고 하면 하나님께서 우리에게 메어 주신 멍에를 생각합니다. 교회의 목사로, 교회의 집사로, 가정에서 가장으로 하나님께서 메어 주신 멍에를 생각합니다. 물론 하나님께서 각자 각자에게 메어 주신 멍에도 잘 메야 합니다. 그런데 본문을 잘 보시면 예수님께서 말씀하신 멍에는 하나님께서 우리 각자 각자에게 메어주신 멍에를 말씀하는 것이 아니라는 것을 알 수 있습니다.

"나는 마음이 온유하고 겸손하니 나의 멍에를 메고 내게 배우라"

"나의 멍에"입니다. "너희의 멍에"가 아닙니다. "나의 멍에"가 무엇일까요?

예수님 당시 멍에는 짐승에게 무거운 짐을 지게 하기 위해서 씌우는 도구입니다. 그런데 예수님 당시 멍에는 짐승 한 마리가 메는 것이 아닙니다. 항상 짝을 이루어 두 마리의 소가 멍에를 함께 메었습니다. 그런데 농부는 두 마리의 소에게 멍에를 멜 때, 한 마리는 나이도 많고 경험이 많은 소를, 그리고 한 마리는 어리고 미숙한 소를 함께 멍에를 메게 했습니다.

경험 많은 소는 주인의 말을 알아듣습니다. 쟁기를 어떻게 다루는지, 주인의 말에 어떻게 해야 하는지 잘 압니다. 그러나 어린 소는 아직 잘 모릅니다.

어린 소는 가고 싶은 방향으로 제멋대로 가려고 고집을 부립니다.

주인이 가라는 대로 가지 않고 자기 멋대로 다른 방향으로 가려고 합니다. 함께 보조를 맞출지 모릅니다. 그때 나이도 많고 경험이 많은 소가 어린 소를 이끕니다.

어리고 미숙한 소는 하나둘 배우면서 점점 일을 잘하는 소가 됩니다 예수님은 "수고하고 무거운 짐"을 지고 제 욕심을 위해, 때로는 다른 사람들 때문에 평강과 기쁨과 안식을 얻지 못하는 우리에게 "나의 멍에(예수님의 멍에)를 메고 예수님처럼 온유하고 겸손한 사람"이 되라고 하십니다. 그러면 "내 멍에는 쉽고 내 짐은 가볍다"고 하셨습니다.

마 11:30 "이는 내 멍에는 쉽고 내 짐은 가벼움이라 하시니라"

결론

사랑하는 여러분, 이 땅의 모든 사람은 누구나 수고하고 무거운 짐을 지고 삽니다. 내 짐이 점점 무거워질 때 예수님께서 우리의 무거운 짐을 함께 져주십니다.

예수님께 나오십시오. 온유하고 겸손하신 예수님을 배우시기 바랍니다. 예수님께 수고하고 무거운 짐을 다 맡기십시오.

예수님과 함께 멍에를 지고 가면 쉽고 가볍습니다.

나의 수고하고 무거운 짐을 져주시는 분이 누구입니까?

나의 귀한 친구가 되신 예수 그리스도 우리 주님이십니다.

나의 수고하고 무거운 짐을 져주시는 분이 누구십니까?

당신의 생명을 버리시고 나를 구원해 주신 하나님의 독생자 예수 그리스도이십니다.

나의 수고하고 무거운 짐을 져주시는 분이 누구십니까?

세상의 악한 시험과 죄 가운데서 지켜주시는 십자가에 죽어 주신 예수 그리스도이십니다.

나의 수고하고 무거운 짐을 져주시는 분이 누구십니까?

언제나 나와 함께하시며 동행하여 주시는 참 좋은 친구 예수 그리스도 주님이십니다.

주님 안에서 참된 안식과 평안을 누리시기를 우리 주 예수 그리스도의 이름으로 축원합니다. - 아멘 -

■ 기도

하나님 아버지 우리가 이제 주님 앞에 모든 짐을 내려놓고 주님만 바라보고, 주님만 의지하며, 주님께만 순종하는 삶을 살게 하옵소서. 오늘도 수고하고 무거운 짐을 대신 져주심을 감사 드리오며 이 모든 말씀 우리 주 예수님의 이름으로 기도합니다. - 아멘 -

예수그리스도

초판 1쇄 발행 | 2025년 3월 20일

지은이 | 장재명

펴낸이 | 이명권

펴낸곳 | 열린서원

등록번호 | 제300-2015-130호(1999년)

주소 | 강원특별자치도 화천군 간동면 용호길 73-155

전화 | 010-2128-1215

전자우편 | imkkorea@hanmail.net

ISBN | 97911-89186-75-3(03230)

값 15,000원